Planejamento: planejando a educação
para o desenvolvimento de competências

Dados Internacionais de Catalogação na Publicação (CIP)
(Câmara Brasileira do Livro, SP, Brasil)

Moretto, Vasco Pedro
   Planejamento : planejando a educação para o desenvolvimento de competências / Vasco Pedro Moretto. 10. ed. Petrópolis, RJ : Vozes, 2014.
   Bibliografia.

6ª reimpressão, 2022.

ISBN 978-85-326-3524-2

1. Educação baseada na competência 2. Pedagogia 3. Planejamento educacional 4. Professores e estudantes I. Título.

07-4434   CDD-370.11

Índices para catálogo sistemático:
1. Planejamento: Desenvolvimento de competências: Educação   370.11

Vasco Pedro Moretto

Planejamento
Planejando a educação para o desenvolvimento de competências

Petrópolis

© 2007, Editora Vozes Ltda.
Rua Frei Luís, 100
25689-900 Petrópolis, RJ
www.vozes.com.br
Brasil

Todos os direitos reservados. Nenhuma parte desta obra poderá ser reproduzida ou transmitida por qualquer forma e/ou quaisquer meios (eletrônico ou mecânico, incluindo fotocópia e gravação) ou arquivada em qualquer sistema ou banco de dados sem permissão escrita da editora.

CONSELHO EDITORIAL

Diretor
Gilberto Gonçalves Garcia

Editores
Aline dos Santos Carneiro
Edrian Josué Pasini
Marilac Loraine Oleniki
Welder Lancieri Marchini

Conselheiros
Francisco Morás
Ludovico Garmus
Teobaldo Heidemann
Volney J. Berkenbrock

Secretário executivo
Leonardo A.R.T. dos Santos

Editoração: Dora Beatriz V. Noronha
Diagramação: AG.SR Desenv. Gráfico
Capa: Diogo Müller e José Almeida Neto

ISBN 978-85-326-3524-2

Este livro foi composto e impresso pela Editora Vozes Ltda.

A todos que me estimularam
na caminhada do crescimento como educador,
e aos amigos e colegas que, de uma forma ou de outra,
foram coautores deste livro.
Aqui fica minha eterna gratidão.

Sumário

Introdução, 9

Parte I – Os fundamentos das relações entre professor e aluno, 13

1. Os fundamentos psicossociais, 13

    Indivíduo, 14

    Sujeito, 15

    Pessoa, 18

    Cidadão, 30

2. Os fundamentos epistemológicos, 37

    A palavra *dado*, 38

    A palavra *informação*, 40

    A palavra *conhecimento*, 42

    A palavra *saberes*, 46

3. Os fundamentos didático-pedagógicos, 48

    O aprender, 48

    O ensinar, 50

    O avaliar a aprendizagem, 52

4. Os fundamentos éticos, 55

    Moral e ética, 55

Parte II – O Modelo Pedagógico VM para o desenvolvimento-de-competências, 69

    Competência não se alcança, desenvolve-se, 69

    Uma interpretação do problema, 69

    Listar competências a serem alcançadas? Não!, 71

    O que é uma situação complexa?, 72

O modelo pedagógico do desenvolvimento-de-competências, 75

À guisa de conclusão, 98

Parte III – Planejando ações de acordo com o Modelo Pedagógico VM para o desenvolvimento-de-competências, 101

1. Planejar: Por quê?, 102

2. Planejar: Quem para quem?, 103

3. Planejar: O que para quem?, 104

4. Plano de Ensino segundo o modelo VM, 105

    I - Plano de curso por unidades, 105

    II - Plano de unidade, 110

    III - Plano de aula, 119

Considerações finais, 120

Referências bibliográficas, 123

Anexo 1, 125

Anexo 2, 133

Introdução

Sábio é o adágio popular *não há ventos favoráveis a quem não sabe para onde navega*. Determinar com clareza o que queremos alcançar e planejar com eficiência as ações para chegar ao desejado são condições indispensáveis para o sucesso. No âmbito de nosso trabalho podemos dizer: para abordar uma situação complexa a ser resolvida é necessário iniciar com um bom planejamento. O planejar, neste foco, será conceituado como o estudo inicial da situação a ser abordada para compreendê-la e, a partir desta compreensão, organizar um contexto que possibilite sua solução.

É nosso objetivo apresentar uma proposta de planejamento das ações pedagógicas visando criar as melhores condições para que os alunos construam seus conhecimentos a partir dos saberes socialmente elaborados, com a mediação do professor.

Todo planejamento precisa levar em conta alguns fatores básicos, tais como: onde se pretende chegar, os agentes envolvidos, as estratégias mais favoráveis para alcançar o que se deseja, os recursos necessários para a sua execução e os mecanismos de avaliação e controle do processo da solução e do produto resultante.

Na Parte I tratamos dos Fundamentos. Procuramos dar ênfase teórica a alguns conceitos que nos permitirão analisar os agentes – professores, alunos e saberes socialmente construídos – que estarão presentes no modelo pedagógico que elaboramos para o planejamento dos processos de ensino e de avaliação da aprendizagem em contexto escolar.

Entre as ideias-chave que desenvolvemos, destacamos:

1) O planejamento de ações pedagógicas do professor com base no paradigma da *educação para o desenvolvimento de competências*.

2) A opção epistemológica em nosso enfoque é a *perspectiva construtivista sociointeracionista da construção do conhecimento*. Nesta perspectiva, tratamos o conhecimento como uma construção individual do sujeito cognoscente, mediada pelo social (fundamentalmente pela linguagem), sendo o professor o facilitador/mediador do processo da aprendizagem.

3) A ação pedagógica do professor como interação entre o sujeito cognoscente e os saberes socialmente construídos. Em outras palavras, a ideia-guia da atividade docente nas relações pedagógicas entre o professor e o aluno é a seguinte: o conhecimento é construído num processo de interação entre o sujeito "aprendente" e os objetos de conhecimento socialmente construídos. Esta interação provocará uma dinâmica contínua de significações e ressignificações.

4) O processo de abordagem e solução de situações complexas (SC) fundamenta-se no modelo pedagógico do *desenvolvimento de competências*. Este modelo terá por base *epistemológica* o Construtivismo Sociointeracionista; por base *metodológica* o processo dialético entre o sujeito da aprendizagem e os saberes socialmente construídos; por base *pedagógica* o professor como mediador do processo de aprendizagem.

Na parte II apresentamos o **Modelo Pedagógico VM**[1] **do desenvolvimento-de-competências** para construção do conhecimento, que se constitui num conjunto de elementos escolhidos e logicamente relacionados, que devem ser levados em conta no momento da abordagem de uma situação complexa. Sendo modelo, terá seus limites e suas potencialidades. Os limites estão no fato de serem sempre feitas escolhas e, como diz o ditado popular, *a toda escolha corresponde uma renúncia*; e na escolha sempre haverá uma ideologia. Mas o modelo também tem suas potencialidades, uma vez que sua elaboração é feita com base em

---

1. Chamaremos de VM para identificar seu autor, Vasco Moretto. No correr do texto, trataremos o modelo pedagógico para o desenvolvimento-de-competências simplesmente como Modelo VM para simplificar a linguagem.

princípios e valores logicamente relacionados entre si. Nestas escolhas, o modelo tentará, de forma esquemática, representar uma realidade, para melhor compreendê-la e solucionar a problemática a ela relacionada. Em nosso caso, o Modelo VM caracteriza-se por um conjunto de seis recursos fundamentais que o sujeito cognoscente deve desenvolver para resolver com competência uma situação complexa.

Na Parte III desta obra propomos ideias, sugestões e orientações para elaboração de planejamentos pedagógicos que possam auxiliar o professor na estruturação criativa de seus próprios Planos de Curso e Planos de Unidade. É nosso intuito oferecer **princípios orientadores** em lugar de apenas oferecer **modelos de planejamento**. Estes princípios terão por base as características do aluno, do professor, da disciplina ministrada e do contexto sociocultural ao qual aluno e professor pertencem.

Parte I

Os fundamentos das relações entre professor e aluno

1. Os fundamentos psicossociais

A relação entre o professor e o aluno depende da formação do primeiro e do contexto de vida do segundo. Para o primeiro, a preparação para o exercício do magistério em qualquer nível precisará ir além da simples interiorização e apropriação de conteúdos programáticos relativos a determinadas situações complexas que serão abordadas no processo de ensino. A formação do professor deverá permitir-lhe desenvolver uma ampla visão e compreensão do estudante como o "aprendente", ou seja, aquele que constrói seu próprio conhecimento. Esta construção não está restrita apenas ao campo cognitivo do sujeito, mas depende também de suas características de temperamento e personalidade. Se cada sujeito é diferente na sua maneira de ser e de agir, ele o será também em sua maneira de aprender. Assim, o planejamento de ações pedagógicas deve levar em conta essas singularidades do aprendente, da mesma forma que leva em conta a opção pelo modelo pedagógico para o ensino.

Nesta linha de pensamento abordaremos neste texto os conceitos sintetizados nas palavras: **indivíduo, sujeito, pessoa** e **cidadão**. São palavras! Por isto lembramos um dos princípios fundamentais da linguagem: **nenhuma palavra tem sentido em si mesma, seu sentido é dado pelo contexto em que é utilizada**. Nós as utilizaremos no contexto escolar. Nele elas têm sentidos elaborados, socializados e legitimados que precisam ser compreendidos pelos educadores, para que sua ação educativa seja eficiente e eficaz.

Ressaltamos nossa convicção de que os traços de personalidade, tanto do educador como do educando, são elementos fundamentais que precisam ser considerados para uma produtiva relação entre os dois. Por isso iniciamos com o estudo, mesmo que superficial, dos fundamentos psicossociais, procurando avaliar as possíveis consequências da ação docente, se este tratar o aluno ou como indivíduo, ou como sujeito, ou como pessoa ou como cidadão.

Indivíduo

Em primeira análise, a composição da palavra nos dá a pista para seu significado: "indivíduo = não divisível", ou seja, estamos tratando da unidade da espécie humana. Segundo o Dicionário Houaiss da Língua Portuguesa (p. 1607), indivíduo é "*organismo único, distinguível dos demais do grupo; ser pertencente à espécie humana; homem; [...] homem anônimo, indeterminado; [...] indivisível, uno, que não pode ser separado*". Ou seja, dentre os muitos sentidos que podem ser associados à palavra indivíduo, a característica mais forte parece ser a indivisibilidade. Assim, quando dizemos que uma cadeira é individual, parece claro que estamos afirmando que nela deve sentar-se apenas um representante da espécie humana, não importando se é homem ou mulher, criança ou adulto, branco ou negro, pobre ou rico etc. Da mesma forma, se o convite para uma festa é individual, a mensagem é clara: destina-se a uma unidade da raça humana.

No contexto escolar o tratamento dado pelo professor aos estudantes é, muitas vezes, individual, ou seja, como se em sua frente houvesse um grupo de 30, 40 ou 50 indivíduos a quem o professor precisa transmitir um conjunto de informações, porque sobre elas serão avaliados em provas, vestibulares, concursos etc. Em muitos casos, o docente mal sabe os nomes (nem sempre isso é possível!) de seus alunos. Na verdade, se o professor tem muitos alunos em cada turma, excesso de turmas e ministra muitas aulas semanais, ele acaba "vendo" seus alunos como um grupo de indivíduos anônimos e desprovidos de histórias singulares. A ideia de tratamento individual, neste caso, perde seu sentido de atenção a um único ser, para o de um tratamento genérico e grupal, sem a preocupação com o respeito às histórias singulares.

Sujeito

Esta palavra pode representar um grande número de significados, dependendo dos contextos de uso. Há, por exemplo, sentidos pejorativos: "aquele sujeito é intragável" ou "sujeitinho antipático aquele"; há, também, o uso gramatical: "sujeitos da oração: sujeito simples, composto, indeterminado".

No contexto de nosso estudo, adotaremos o termo sujeito para designar o indivíduo com sua história. Fourez (1997) refere-se ao "sujeito cognoscente", ou seja, ao indivíduo que, em sua interação com o mundo físico e social, constrói suas representações sobre objetos de conhecimento, que são entidades distintas dos objetos manipuláveis. Fourez expressa os conceitos de **objeto** e de **sujeito,** e suas relações, da seguinte forma:

> O Construtivismo centra-se em torno da ideia que o objeto não é dado, mas é uma construção do sujeito. Assim, para ver uma lâmpada, o sujeito cognoscente (com sua biologia, sua psicologia, sua cultura, suas estruturas psicossociais) organiza seu mundo para pôr em evidência este "objeto"(lâmpada) (FOUREZ, 1997: 11).

Este conceito de sujeito tem como consequência o fato de que a história de cada indivíduo é única, o que nos leva a concluir que a estrutura cognitiva de cada sujeito é também única, ou seja, cada sujeito cognoscente é **único.** Assim, se numa sala de aula o professor tem 40 estudantes, ele tem 40 indivíduos (unidades da espécie humana) e 40 sujeitos, cada um com sua história única e diferenciada.

Na verdade, cada sujeito cognoscente é um ser humano que busca na escola a continuidade de sua formação, ou, como afirma Charlot (2000: 53), "ele cumpre a obrigação de aprender". Esta aprendizagem não visa apenas ao desenvolvimento individual, cada vez mais diferenciado de outros sujeitos. Pelo contrário, a busca é por sua inserção em seu mundo social, ou seja, na construção do **sujeito transcendental** de Kant, por meio da atividade intersubjetiva. A inserção da história de cada sujeito na de seu grupo social é descrita por Charlot (1977) nos seguintes termos:

Nascer é penetrar nesta condição humana. Entrar em uma história, a história singular de um sujeito inscrita na história maior da espécie humana. Entrar em um conjunto de relações e interações com outros homens. Entrar em um mundo onde ocupa um lugar (inclusive social) e onde será necessário exercer uma atividade.

Por isso mesmo, nascer significa ver-se submetido à obrigação de aprender. Aprender para construir-se, em um triplo processo de "hominização" (tornar-se homem), de singularização (tornar-se um exemplar único de homem), de socialização (tornar-se membro de uma comunidade, partilhando seus valores e ocupando um lugar nela). Aprender para viver com outros homens com quem o mundo é compartilhado. Aprender para apropriar-se do mundo, de uma parte desse mundo, e para participar da construção de um mundo preexistente. Aprender em uma história que é, ao mesmo tempo, profundamente minha, no que tem de única, mas que me escapa por toda parte. Nascer, aprender é entrar em um conjunto de relações e processos que constituem um sistema de sentido, onde se diz quem eu sou, quem é o mundo, quem são os outros (CHARLOT, 2000: 53).

Em síntese, a palavra **sujeito**, no contexto escolar que estamos enfocando, refere-se ao indivíduo com sua história particular, inserido numa história maior de seu grupo social. Esta concepção orienta a ação do professor na sua relação com o aluno, ou seja, ao mesmo tempo em que a ação docente respeita as singularidades de seus alunos, trabalha na construção do **sujeito transcendental** de seu grupo social. Vejamos o que isso significa: sobre uma mesa há um pedaço de giz sendo observado por dez sujeitos. Nove deles dizem que ele é verde e um afirma que é vermelho, pois ele é daltônico. Neste caso dizemos que o grupo constitui um sujeito transcendental, resultante da experiência intersubjetiva, que construiu um objeto de conhecimento, **o giz verde**. Dizemos, então, com Fourez (1996), que as nove pessoas que disseram que o giz é verde puderam fazê-lo por meio de uma atividade estruturante do sujeito e pela mediação de uma cultura compartilhada. Assim sendo, podemos dizer que o sujeito transcendental não é algo que dependa diretamente de um sujeito particular. Trata-se, na realidade, de um conjunto de elementos ligados à nossa biologia, à nossa linguagem e à nossa cultura. Neste caso, a subjetividade transcendental nada mais é que o resultado da intersubjetividade, ou seja, o sujeito de que estamos falando é uma comunidade humana organizada numa linguagem, com costumes, valores e objetos de conhecimento construídos e validados socialmente.

Levando esses conceitos para a atividade do professor em aula, podemos afirmar, em primeiro lugar, que seus alunos devem ser considerados como sujeitos únicos, com suas histórias particulares. Esta deve ser, com certeza, uma das preocupações constantes do professor, pois dificuldades particulares precisam ser detectadas e sanadas, na medida do possível, dentro do contexto particular.

Em segundo lugar, o professor deve ter em mente que seu grupo de alunos está inserido em um grupo social particular, o que leva à construção de um sujeito transcendental específico. Assim, quando o professor inicia a atividade de ensino de um determinado objeto de conhecimento, ele não precisa questionar aluno por aluno para descobrir as concepções prévias sobre determinado assunto. Com algumas perguntas ele detecta rapidamente o que o sujeito transcendental constituído por aquele grupo sabe sobre o que será abordado no ensino. A partir dessa informação, o professor apresenta os objetos de conhecimento construídos socialmente por um sujeito mais amplo que o do grupo de seus alunos, ou seja, o de seu grupo social. O ensinar, neste caso, tem o significado de apresentar aos estudantes as representações construídas, para que eles, individualmente e em grupo, se apropriem significativamente dos objetos de conhecimento e, com isso, sejam inseridos nos saberes construídos por seu grupo social.

Essa visão nos parece importante, pois o professor que trata seus alunos desta forma, ao mesmo tempo em que respeita suas histórias individuais, busca a inserção deles num grupo social, o que poderá levar seu grupo a uma atividade de inserção cultural, consciente e transformadora, uma vez que a formação em contexto escolar nos parece ter uma dupla função: em primeiro lugar, levar cada sujeito à percepção de que sua história particular está inserida na história maior de seu grupo social; em segundo lugar, que o sujeito transcendental (aquele grupo específico de alunos) é resultado das atividades de cada sujeito visando à construção grupal, para a continuidade da construção de uma história maior, ou seja, de um grupo social mais amplo.

Não podemos esquecer que o professor é também um sujeito e por isso mesmo tem sua própria história particular, que influenciará mais ou menos profundamente sua ação pedagógica. Seu profissionalismo o leva a apresentar-se a seus alunos como o representante do sujeito transcendental de seu grupo social. Sua atividade docente, nesta linha de pensamento, tem por finalidade organizar objetos de conhecimento e suas relações, que serão propostas aos estudantes por meio de estratégias que estimulem a aprendizagem significativa. Essa organização e a escolha das estratégias constituem a arte de ensinar, a qual está intimamente relacionada ao contexto de ensino.

Pessoa

A palavra pessoa é utilizada, no senso comum, para indicar alguém, sem maior caracterização. Algumas vezes é usada com uma conotação mais forte, expressando o respeito ao ser humano, como na expressão: "fulano é uma pessoa maravilhosa". Podemos aprofundar um pouco a etimologia da palavra para melhor entender o significado de uso em contexto mais específico.

Do teatro grego, pessoa vem de *persona*, significando máscara (*per* = através de ... + *sonare* = soar; ressonar), pois a voz do ator soava através da máscara que escondia a sua identidade e apresentava outra, a do **personagem** que estava sendo representado. Nesta linha de pensamento usaremos, neste texto, o termo pessoa para indicar a "máscara" com a qual cada sujeito se apresenta ao seu grupo social. A esta personificação vamos chamar de **personalidade**, que passaremos a estudar, mesmo que superficialmente, dentro do contexto que nos interessa, isto é, a relação entre o professor e o aluno. Os estudos do pesquisador suíço Carl Yung apresentam quatro dimensões da personalidade.

1ª dimensão: "Como nos energizamos na interação com o mundo"[2]

Esta dimensão pode ser entendida como uma troca de energia do sujeito na interação com os outros e com o mundo. Embora este conceito de energia seja um pouco fluido, podemos entendê-lo como a forma de agir, de viver, de interagir, de apreciar a vida. Nesta dimensão, as personalidades podem tender para dois extremos opostos, como representamos no Quadro 1:

Quadro 1

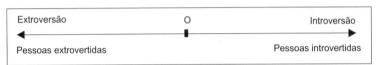

No lado esquerdo representamos pessoas que se apresentam com a "máscara" dos extrovertidos, cujas principais características são:

- Sua energização vem da interação com o mundo e, sobretudo, com as pessoas.
- Trabalham com vários projetos ao mesmo tempo.
- Agem primeiro e pensam depois.
- Falam mais do que ouvem.
- No agir, buscam mais a extensão do que a profundidade.

Um professor extrovertido normalmente imprime forte energia em seu grupo. Sua alegria é contagiante. Na sala de aula incentiva os alunos a pensar positivamente. É um professor que se realiza com várias atividades na escola, agindo dentro e fora da classe. Tem muita disponibilidade para ajudar na realização das atividades extraclasse. Mas a extroversão pode levar o pro-

---

2. In: http//sites.mpc.com.br/negreiros

fessor à superficialidade nos projetos. Como fala mais do que ouve, o professor poderá deixar de dar a devida importância a alunos quietos e tímidos, tendo o cuidado para não rotulá-los como alunos não-participativos. Por outro lado, o professor deve procurar ser focado no seu objeto de estudo, pois sua tendência é fazer muita coisa ao mesmo tempo, sem alcançar profundidade no que faz. Sua instabilidade poderá dar aos alunos uma certa insegurança.

No lado direito do Quadro 1 são representadas aquelas pessoas que se apresentam com a "máscara" dos **introvertidos**, que têm como principais características:

- São energizados na medida que utilizam o tempo sozinhos.
- Concentram sua atenção na realização de um projeto de cada vez.
- Pensam primeiro para depois agir.
- Ouvirem mais do que falarem.
- No agir, buscam, de preferência, a profundidade em lugar da extensão.

Um professor introvertido tem fortes pontos positivos em sua ação pedagógica, na medida em que procura a profundidade no processo do ensino. Sua forma calada e ponderada poderá facilitar a prudência nas relações com seus alunos. Mas terá bastante dificuldade de aceitar os alunos mais agitados e hiperativos. Grande cuidado deve ter este professor para não rotular alunos e não perder a paciência com os mais irrequietos.

2ª dimensão: "O tipo de informação que naturalmente percebemos, lembramos e enfatizamos".

A segunda dimensão da personalidade relaciona-se com o processo de captação que o sujeito faz das informações do mundo que o rodeia. Elas são contínuas e se apresentam das formas mais diversas. Cada pessoa naturalmente capta e se apropria das informações à sua maneira, segundo sua personalidade. Representamos este processo no Quadro 2.

Quadro 2

Há um ponto de equilíbrio (O) e uma tendência de cada sujeito perceber e apropriar-se das informações. Nesta dimensão, um grupo de pessoas relaciona-se *naturalmente* com o mundo por meio da percepção sensorial quase direta. Estas pessoas seriam classificadas como **sensoriais**, ou seja, elas percebem o mundo numa relação direta; procuram descrever o mundo **como ele é**. Estas pessoas têm, naturalmente, as seguintes características:

- Observam fatos e, neles, os detalhes.
- Descrevem o mundo como pensam que ele seja.
- São realistas, objetivas e pragmáticas.
- Apreciam ideias que possam ser imediatamente traduzidas na prática.
- Optam pelo real do "aqui e agora", não pelo sonho do amanhã.
- Num debate são as que dirão "Tudo bem. O discurso está lindo, mas, na prática, como fica isso tudo?"
- Na apresentação de ideias ou projetos, são estruturadas e detalhistas, apresentando-as passo a passo, de forma concatenada.
- No dia a dia, a prática se sobrepõe à teorização.

Em síntese, podemos dizer que as pessoas sensoriais tendem naturalmente a olhar o mundo e procurar descrevê-lo com a maior fidelidade. No caso do professor sensorial, este terá naturalmente a tendência de apresentar o mundo físico e o social de forma descritiva. Sua linguagem apoia-se na expressão "Isto é assim e podemos descrevê-lo da seguinte forma:..." A lógica do encadeamento na exposição dos conteúdos acaba sendo sua grande preocupação. Ao aluno caberá anotar, apropriar-se de todos os detalhes, sem grandes questionamentos sobre outras interpretações que se poderiam dar aos **fatos**. Na percepção do professor sensorial, fato é fato! Nos processos avaliativos sua linguagem é do tipo: "O que é uma ilha?", ou "O que é um istmo?", ou "Descreva a reação química..." Este professor tende a afirmar categoricamente: "Física é Física e não filosofia", ou "Matemática é uma ciência exata, por isto mesmo não posso admitir nenhum erro de cálculo. Errou, não levo em consideração o desenvolvimento do problema: preciso da exatidão do resultado".

No lado direito do Quadro 2 representamos as relações das pessoas que naturalmente buscam selecionar informações que enfatizam as **interpretações** do mundo em lugar de ater-se às suas **descrições**. Estas são chamadas de **pessoas intuitivas**. Algumas de suas características são:

- Ao abordar os fatos, buscam estabelecer relações significativas, que representem mais uma maneira de ver as conexões e as implicações desta abordagem, em lugar de uma descrição fiel da realidade observável.

- A imaginação e a criatividade se sobrepõem à observação detalhada e descritiva.

- O gosto pela construção de novos modelos explicativos, nem sempre óbvios para o senso comum.

- A busca por ideias novas, cujo valor é intrínseco, mesmo que se restrinjam ao mundo das ideias e dos ideais.

- Aprendizagem rápida, mesmo que superficial, de novas informações que serão trabalhadas no mundo das ideias, sem a preocupação imediata de uma prática empírica.

Na apresentação de suas ideias, o processo não é linear, mas profundamente ramificado, com novas ideias e interações, alternando o foco, ou melhor, introduzindo outros focos simultaneamente, com "saltos" de ideias que seriam as ligações naturais; sua apresentação pode aparentar um caos, embora tenha sua própria lógica.

Esta busca por novidades leva a uma aparente instabilidade cognitiva; há baixo poder de concentração e a novidade é sempre bem-vinda.

Um professor intuitivo tende naturalmente a priorizar informações que especulem outras formas de ver o mundo e é levado ao constante questionamento sobre teorias, conceitos e explicações. Sua tendência é pensar "como poderíamos explicar o fato de outra forma", muito mais do que "explicamos o fato da seguinte forma".

Como aprende o aluno que é intuitivo? O aluno intuitivo se motiva quando tem oportunidade de externar sua criatividade e sua imaginação. Criar soluções novas para situações complexas é mais estimulante para o aluno intuitivo do que apenas reproduzir soluções encontradas por outros, propostas pelo professor e cobradas em instrumentos de avaliação. O intuitivo se motiva criando, não apenas repetindo.

3ª dimensão: "Como tomamos decisões para a ação"

A vida de qualquer sujeito o obriga a constantes tomadas de decisão. Há fatores externos que, certamente, são determinantes para a escolha do sujeito. No entanto, há uma dimensão de sua personalidade que influenciará nas escolhas. Há quem tome decisão depois de muito pensar, analisar e ponderar. Por outro lado, há aqueles que agem mais pelo impulso, guiados pela sensibilidade mais do que pela racionalidade. É neste aspecto que apresentamos o esquema do Quadro 3, com o ponto de equilíbrio (O) e a colocação no lado esquerdo dos que tomam decisões apoiados no pensamento lógico e na racionalidade, e o lado direito representa aqueles que decidem naturalmente com base em sentimentos e valores pessoais. Quanto maior for a tendência natural de decidir por uma ou outra forma, mais seria representado o afastamento do ponto de equilíbrio O.

Quadro 3

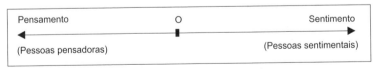

As pessoas classificadas como pensadoras são aquelas que, de uma forma natural, tomam suas decisões com base na reflexão lógica, ou seja, na racionalidade. Suas principais características são:

- Tomam decisões objetivamente, após pensar os prós e os contras, sempre considerando as consequências imediatas da opção.
- A lógica e a justiça são valores fundamentais para a tomada de decisão.
- É imprescindível dar a todos o tratamento igualitário; grande senso de justiça.
- Os argumentos sólidos são as únicas formas de convencimento.
- Os sentimentos são importantes, mas não são determinantes para a tomada de decisão; a lógica e o tratamento isonômico devem preponderar.
- O desejo de realizar é o grande mote para os pensadores, pois sua satisfação está no produto resultante da decisão.

O professor pensador tem tendência natural por decidir impulsionado pela razão e pelo senso de justiça, com base na sentença "tratar todos da mesma forma". Assim, é levado a planejar suas estratégias pedagógicas para todos os estudantes, esperando que cada qual "se vire" para alcançar os objetivos propostos. As soluções para as dificuldades individuais são da responsabilidade de cada aluno. Assim, se alguém se sair mal na prova que foi aplicada para todos, o professor não se sente "autorizado" a aplicar outro instrumento de avaliação para quem se saiu mal, pois estará abrindo um "perigoso precedente". Cabe ao aluno tomar providências para recuperar-se. Se a média de aprovação da escola for 6,0 (seis) e um aluno alcançar 5,9 (cinco vírgula nove) o professor pensador sente-se à vontade para afirmar: "Lamento muito, mas devo ser justo e atribuir o que você mereceu, caso contrário deveria considerar quem alcançou 5,8, ou 5,7, ou... ou. Qual seria o parâmetro?" Vê-se que a lógica do limite da norma é um apelo mais forte que a lógica das razões sentimentais que levaram o aluno àquele resultado. Mesmo que o professor pensador perceba que o 0,1 (um décimo) de ponto nada signifique na tomada de decisão de aprovação ou reprovação do aluno, a lógica da justiça e da norma pesa mais em sua decisão.

Por outro lado, as pessoas tidas como **sentimentais** caracterizam-se, de forma geral, como sendo aquelas que tomam decisões motivadas mais pelo que sentem do que pela lógica das razões que as levam a agir. Algumas das principais características destas pessoas são:

- Decidem em função do que sentem sobre os assuntos e das consequências de suas decisões para com os outros.
- O sentimento e o respeito às pessoas são valores que se sobrepõem à lógica dos argumentos racionais.
- A tendência maior é decidir pela generosidade de cada caso, do que pela justiça do tratamento igualitário de todos.
- O forte apelo emocional será capaz de convencer mais do que a solidez da lógica do raciocínio.
- Gostam de agradar os outros, sendo capazes de sacrificar-se, e a seus interesses, para obter a aprovação e a apreciação dos demais.
- Os argumentos para tomada de decisão são importantes, mas os sentimentos terão maior peso.
- A influência das razões da ética nas relações será sempre mais importante do que a influência das normas estabelecidas.
- São motivadas pelo desejo de serem apreciadas.

O professor com forte traço de **personalidade sentimental** tende naturalmente a valorizar as relações interpessoais com os alunos, procurando mostrar-se com a "máscara" de quem decide e age procurando agradar e ter a apreciação e o aplauso como resposta. Sua tendência natural é tratar seus alunos como sujeitos e não apenas como indivíduos. As dificuldades individuais (deveríamos dizer "sujeitais") são consideradas importantes. O critério de justiça, neste caso, é de dar tratamento diferenciado a quem é diferente, mesmo que aparente um certo grau de injustiça. Ao perceber que o grupo de alunos tenha se saído mal numa prova, sua tendência é encontrar formas alternativas para reavaliar e oportunizar aos estudantes novas formas de demonstrar sua aprendizagem. Ser elogiado por sua compreensão é forte argumento estimulador de suas ações.

Assim como age impulsionado pelo sentimento de aprovação, o professor ressente-se com facilidade quando contestado, contrariado ou desconsiderado. A tendência a ser um "paizão" é mais forte do que a de ser o "juiz".

4ª dimensão: "A organização do nosso mundo"

É frequente ouvirmos expressões como: "O Paulo é todo sistemático, todo certinho, e a Yolanda, embora faça tudo, é absolutamente desorganizada". Ao observarmos a organização das mesas de trabalho de algumas pessoas, vemos os objetos (quase sempre os mesmos) colocados em certas posições bem determinadas. Os livros, papéis, cartas, *folders* etc. são distribuídos ordenadamente sobre a mesa. Por outro lado, encontramos pessoas cuja mesa de trabalho é uma total desorganização, onde os papéis são misturados e distribuídos sem nenhum critério. Destas pessoas ouvimos, muitas vezes: "Pode deixar que eu me encontro nesta bagunça; se organizar, eu me perco". De tempos em tempos, o sujeito coloca ordem nas coisas, mas logo tudo volta ao que era antes.

Estamos analisando novamente os extremos de uma dimensão da personalidade, ou seja, como gostamos naturalmente de organizar o nosso mundo. A educação e a possível exigência profissional podem levar algumas pessoas a mudar parcialmente este traço de sua personalidade.

No Quadro 4 apresentamos um esquema para esta dimensão. Do ponto de equilíbrio O para a esquerda, representamos pessoas que se organizam com base no **julgamento** e gostam de viver de forma organizada e sistemática. Do ponto O para a direita, estamos representando pessoas que tendem naturalmente a organizar-se com base na **percepção**, isto é, de forma espontânea e simples, sem precisar apoiar-se em argumentos lógicos.

Quadro 4

Quanto maior o afastamento da posição de equilíbrio O, mais marcante será este traço de personalidade.

De maneira geral, as características das pessoas que organizam sua vida com base na racionalidade ou no julgamento são:

- Sentem-se seguras e felizes após a tomada de decisão.
- Tomam decisão com rapidez, pois não lhes agrada a demora em decidir e chegar logo ao objetivo final.
- Em todas as situações, preferem liderar, isto é, estar no comando e no controle das situações.
- Enquanto outros discutem, pessoas julgadoras tomam decisões e partem para a ação.
- A organização na vida pessoal, social e no trabalho é a marca forte dessas pessoas.
- Nos compromissos, a pontualidade e a administração do tempo são valores fundamentais, não havendo tolerância com a perda de tempo e com discussões inúteis.
- O lema das pessoas julgadoras é "não se deixa para amanhã o que se pode fazer hoje"; por isto só relaxam após a tarefa terminada, analisada e julgada perfeita (não vai dormir sem antes organizar a cozinha, sala, banheiro, quarto etc.).
- Não deixam tarefa pela metade para iniciar outra; de preferência, só assumem um segundo compromisso depois de terminado o primeiro.
- Respeitam os prazos estabelecidos, organizam agendas para que as reuniões sejam produtivas, não admitem perda de tempo no trabalho, organizam a vida de modo sistemático e cronometrado, em suma, para as pessoas julgadoras o tempo é um recurso precioso a ser administrado com sabedoria e parcimônia.

O professor com este traço de personalidade conduz sua ação pedagógica com ênfase no princípio da organização. O respeito aos compromissos é ponto de honra. Para a reunião das 8h ele estará presente às 8h. Para ele, a aula das 7h30 começa às 7h30. Para a palestra que começa às 9h ele, com certeza, estará presente ao começar. Com relação ao horário para registrar a presença dos alunos, quando há alguma tolerância, ela é mínima e não adianta o aluno argumentar que atrasou somente alguns minutos por causa do caos no trânsito. Compromisso é compromisso, hora é hora! Trabalhos e tarefas não entregues no dia e hora estabelecidos não são recebidos e nem serão avaliados, ou, quando houver alguma tolerância, o aluno poderá receber, no máximo, metade dos pontos que são atribuídos à atividade. Em síntese, pode-se afirmar que o professor com forte traço desta 4ª dimensão em sua personalidade tende, naturalmente, a ser intransigente no cumprimento e na cobrança de normas, regras e combinados. Os alunos não têm espaço para muita negociação com prazos não cumpridos, tarefas não realizadas ou realizadas pela metade. Normas são normas!

Planejar as aulas e seguir o planejamento é norma de vida para este professor. Não cabe, para ele, a improvisação. O programa, por exemplo, deve ser dado integralmente, conforme planejado. Na avaliação da aprendizagem, provas desorganizadas e mal escritas correm o risco de não serem corrigidas. Diretores e coordenadores não precisam se preocupar com professores com este traço de personalidade quanto ao cumprimento do planejado e das normas estabelecidas. Não deixam a entrega dos originais das provas para a última hora, preenchem de forma organizada os diários de classe, as notas são entregues na data (ou até antes), sem rasuras e sem necessidade de retificação. Em suma, no aspecto organização, o professor-julgador parece ser perfeito.

Contudo, este professor corre o risco de ser intolerante com quem não tem os mesmos traços de sua personalidade. Pode tornar-se injusto, mesmo considerando a justiça como uma virtude fundamental para ele. O respeito às diferenças culturais e pessoais pode ser abalado com a ansiedade pela organização e pela justiça.

O aluno com o mesmo traço de personalidade – aluno-julgador – terá os cadernos organizados, os trabalhos e deveres de casa limpos e completos e serão entregues no dia e hora marcados: é o aluno considerado "certinho" que, certamente, agradará o professor-julgador, também considerado "certinho".

No lado direito do Quadro 4 representamos as pessoas cujo estilo de vida é mais natural, espontâneo, criativo e pronto para a improvisação. São as pessoas **perceptivas**, cujas características principais estão listadas a seguir:

• Vivem felizes quando suas opções estão abertas às mudanças.

• Sentem-se inseguras e indecisas ao ter que tomar decisões muitas vezes voltando atrás de opções feitas, quando há indícios de dificuldades ou de possibilidades de melhor escolha.

• Preferem ser mandadas que mandar; transferir para outro a responsabilidade de decisão é menos angustiante para as perceptivas.

• Não se sentem escravos do tempo; não cumprir horários, chegarem atrasados em compromissos marcados e fazer os outros esperarem são comportamentos naturais para os perceptivos; "nada de estresse com o tempo" parece ser o seu lema de vida.

• São rotuladas como desorganizadas: têm dificuldade em usar agenda; perdem tempo em procurar documentos e objetos porque não lembram onde foram colocados; de tempos em tempos, trocam de posição os objetos e documentos e depois não sabem onde foram colocados: a organização não é sua prioridade, pois confiam em sua capacidade de improvisação.

• Sentem satisfação e se empolgam em começar projetos; para as pessoas perceptivas não há problema em conduzir vários projetos simultaneamente, mesmo que alguns deles não cheguem ao fim.

• A organização e a administração são elementos que devem estar, para as pessoas perceptivas, a serviço da realização e felicidade pessoal e não podem ser "camisa-de-força" para o sujeito.

• Consideram sua maior virtude a capacidade de **flexibilizar** qualquer planejamento.

O professor com este traço de personalidade considera, naturalmente, normas, regras e organização como importantes, mas não se prende a elas. Acontecimentos que oportunizem mudanças de planos e necessidade de improvisação serão sempre bem-vindos. A rigidez de horários não é seu forte: qualquer acontecimento é justificativa para o atraso em compromissos e encontros.

Cidadão

Todo indivíduo da espécie humana tem uma história que o torna sujeito e único. Alguns sujeitos têm consciência das características de sua personalidade e procuram desenvolver a "máscara" por meio da qual se apresentam ao seu grupo social. Poucos, no entanto, chegam a ser verdadeiros cidadãos. A cidadania vai além de uma máscara com a qual o "eu" se apresenta ao seu grupo social para impor suas características. Ela implica o compromisso consciente de inserção no contexto social, a sua compreensão e o engajamento como agente transformador da sociedade, em busca da convivência harmônica e respeitosa dos membros da comunidade.

Ao analisar a inserção da pessoa num grupo social surgem dois conceitos fundamentais: o de **coletividade** e o de **comunidade**. "Estar só na multidão" é uma sentença popular muitas vezes repetida e que ajuda a compreender o conceito de *indivíduo* e de *coletividade*. Como exemplo, pensemos num torcedor vibrando por seu time no meio de uma torcida. Ele não passa de um indivíduo que, embora tendo uma história pessoal (ele é um sujeito), possui apenas um elo com a multidão: ser torcedor do mesmo time. Da mesma forma um espectador de uma peça de teatro é um sujeito que, naquele momento, não passa de um simples indivíduo, tanto para os atores que desconhecem quem está à sua frente, como para os outros espectadores que não sabem quem está naquela coletividade. Para o sujeito, foi reservada uma cadeira individual, pois não importa quem nela sentar – pode ser um velho ou uma criança, um negro ou um branco, um homem ou uma mulher – para os atores será sempre um indivíduo, por isso tanto seu bilhete como sua cadeira serão **individuais** (você nunca deve ter ouvido falar em cadeira "sujeital", mas sim em cadeira "individual").

O conceito de coletividade precede o de comunidade. Normalmente, no coletivo, cada qual cuida de si e de seus interesses, procurando tirar o máximo proveito de sua pertinência ao grupo. Na coletividade, as pessoas podem usufruir benefícios como a oportunidade de trabalho, a alimentação, assistência à saúde, segurança e ao lazer. Nem mesmo o fato de pagar impostos para ter o direito de participar desses benefícios torna o sujeito um cidadão, pois há quem procure sonegar ou aproveitar-se "levando vantagem em tudo". Este é o tipo de comportamento que caracteriza a pessoa que está voltada para seu "eu", ou seja, são pessoas nas quais predomina o egoísmo, e sua pertinência a uma coletividade ocorre enquanto puder tirar vantagens. A partir do momento em que cessam estas vantagens ou que precise renunciar a algumas delas, o indivíduo abandona seu grupo e vai em busca de outra coletividade.

Em contraposição, cidadão é a pessoa que participa de forma consciente e compromissada na construção de uma **comunidade** na qual o "nós" se sobrepõe ao "eu" de cada um, sem que haja, no entanto, perda de identidade do sujeito. A construção da comunidade perpassa por um projeto coletivo de qualidade de vida, de cooperação e de altruísmo, no qual cada sujeito precisa engajar-se. Assim, a pertinência e a vivência em comunidade é a verdadeira expressão de cidadania. Por isto afirmamos que cidadão é a pessoa que desenvolve sua personalidade com máscara de inserção consciente na construção do projeto coletivo, que busca o bem-estar de todos os que compõem o grupo social. Neste caso, o altruísmo na comunidade substitui o egoísmo da coletividade.

Em muitas situações do dia-a-dia, podemos perceber, com certa clareza, a diferença entre a vida em coletividade e a vida em comunidade. Pensemos no caso de alguns edifícios de muitos apartamentos, em grandes cidades. Eles são, muitas vezes, apenas a reunião de pessoas que habitam em seus apartamentos, usufruindo vantagens de segurança e organização advindas da vida em condomínio, mas sem constituir-se em comunidade. Com frequência há quem mal conheça quem mora no apartamento em frente ou ao lado. Um simples "bom-dia" ou "boa-tarde" não significa conhecimento do outro, ou mesmo a participação transformadora no grupo. Neste grupo, os problemas do lixo, da sujeira e do barulho das crianças são da responsabilidade do síndico e devem por ele ser resolvidos, pois para isso ele é pago, como afirmam muitos. Na reunião de condomínio poucos comparecem e muitos dos que aparecem desejam apenas verificar se nada será decidido em seu prejuízo. Essa descrição, embora caricaturada, nos dá ideia de pessoas que não se transformaram em cidadãos, mesmo participando e aproveitando de uma coletividade, pois seu "eu" continua se sobrepondo ao "nós" de seu grupo.

Em outra dimensão, podemos analisar o grupo familiar. Seria a família uma comunidade ou apenas uma coletividade? Depende, certamente seria a resposta do leitor. Realmente depende tanto do processo de educação como do compromisso de cada membro da família na colaboração com o "nós" familiar, e não apenas com o "eu" que, muitas vezes, se sobrepõe aos interesses da comunidade-família. Na verdade, entendemos o núcleo familiar como o grupo privilegiado para o lançamento de bases para a formação do cidadão. Educar para a solidariedade e para o compartilhamento é o primeiro passo para a formação do cidadão. Essa educação adquire a cada dia mais importância na medida em que os estudos de psicologia mostram que a criança, em seus primeiros anos de vida, é naturalmente egocêntrica. São naturais, nesta etapa da vida, expressões e gestos que digam: "isso é meu e não empresto pra ninguém", "a vovó é minha", "eu sou o primeiro a brincar", "fui eu que ganhei", "primeiro eu" etc. Por isso sabemos que é no ambiente familiar que são dados os primeiros passos na formação do cidadão. Ações simples como orientar as crianças a recolherem seus brinquedos após a diversão ou não deixar suas roupas espalhadas para não sobrecarregar os outros membros da comunidade (embora seja necessário repetir esta orientação dezenas de vezes!), apagar as luzes e não desperdiçar água iniciam a formação de valores do verdadeiro cidadão.

Na escola, o sujeito tem a segunda grande oportunidade para desenvolver valores como cidadão. Nela, crianças e jovens aprendem a história maior na qual as histórias de cada um estão inscritas. Essa aprendizagem se dá com a análise tanto dos esforços de alguns cidadãos, que dedicaram suas vidas na construção de comunidades, no sentido estrito da palavra, como daqueles que exploraram e exploram sujeitos de sua coletividade, dando origem, por exemplo, ao grave problema da má distribuição de renda. É na escola que os sujeitos analisam, ou deveriam analisar, as características de seu grupo social e as de outros grupos, com histórias, valores, sentimentos, aspirações e projetos de vida diferentes. É na escola que se inicia a formação de atitudes de respeito às diversidades culturais, pilar fundamental para a vivência da cidadania.

Em grande número de projetos pedagógicos anuncia-se como objetivo institucional "**a formação do cidadão consciente, crítico, criativo, autônomo etc.**" Intenção louvável! Na prática, no entanto, observa-se em muitos ambientes escolares um reforço ao individualismo. Assim, por exemplo, o professor em aula fala, fala e fala, e quarenta ou mais indivíduos copiam, copiam e copiam, para depois decorar informações com vistas a uma cobrança que virá em forma de **provas individuais**, que cada aluno deverá resolver só, sem olhar para os lados, sem falar com ninguém, sem consultar livros e/ou apontamentos. Nesta hora, como diz o dito popular, é "cada um por si e Deus por todos". E, no entanto, a escola insiste no texto de seu projeto pedagógico, que está preparando seus alunos para a vida. Que vida, perguntamos nós? Vida em comunidade ou em coletividade? Os alunos percebem, com frequência, a desvinculação entre o que aprendem na escola e as realidades da vida cotidiana. Com isto percebem que o que se aprende na escola é para ser usado na escola (responder provas, fazer trabalhos, passar de ano!) e o que se aprende na vida é para ser usado na vida.

Um texto, que encontramos por acaso e do qual não temos certeza da fonte, parece-nos ilustrativo para as ideias que acabamos de desenvolver.

Depoimento de um aluno[3]

Não, eu não vou bem na escola. Esse é meu segundo ano na sétima série e sou muito maior do que os outros alunos. Entretanto eles gostam de mim. **Não falo muito em aula**, mas fora de aula sei ensinar um mundo de coisas. Eles estão sempre me rodeando e isso compensa tudo o que acontece em sala.

---

3. Traduzido e adaptado, por Maria Lúcia Senra de Vilhena, de CERSY, Stephen M. *The poor scholar soliloquy*, 20, january 1944, p. 219-220.

Eu não sei por que os professores não gostam de mim. Na verdade eles nunca gostaram muito. Parece que nunca acreditam que a gente sabe alguma coisa, a não ser que se possa dizer o nome do livro onde a gente aprendeu. Tenho vários livros lá em casa. Mas não costumo sentar e lê-los todos, como mandam a gente fazer na escola. Uso meus livros quando quero descobrir alguma coisa. Por exemplo, quando a mãe compra algo de segunda mão e eu procuro na Sears ou Word's para dizer se ela foi tapeada ou não. Sei usar o índice rapidamente e encontrar tudo o que quero.

Mas na escola a gente tem que aprender tudo o que está no livro e eu não consigo guardar. Ano passado fiquei na escola depois da aula, todo dia, durante duas semanas, tentando aprender os nomes dos presidentes. Claro que conhecia alguns como Washington, Jefferson, Lincoln. Mas é preciso saber os trinta, todos juntos e em ordem. E isso eu nunca sei. Também não ligo muito, pois os meninos que aprendem os presidentes têm que aprender os vice depois. Estou na sétima série pela segunda vez, mas a professora agora não é muito interessada nos presidentes. Ela quer que a gente aprenda os nomes de todos os grandes inventores americanos. Acho que nunca conseguirei decorar nomes em História.

Neste ano comecei a aprender um pouco sobre caminhões porque meu tio tem três e disse que posso dirigir um quando fizer dezesseis anos. Já sei bastante sobre cavalo-vapor e marchas de vinte e seis marcas diferentes de caminhão, alguns a diesel. É gozado como os motores a diesel funcionam. Comecei a falar sobre eles com a professora de Ciências na quarta-feira passada, quando a bomba que a gente estava usando para fazer o vácuo esquentou. Mas a professora disse que não via a relação entre um motor a diesel e a nossa experiência sobre a pressão do ar. Fiquei quieto. Mas os colegas pareceram gostar. Levei quatro deles à garagem do meu tio e vimos o mecânico desmontar um enorme caminhão a diesel. Rapaz, e como ele entende disso.

Eu também não sou forte em Geografia. Nesse ano, eles falam em Geografia Econômica. Durante toda a semana estudamos o que o Chile importa e exporta, mas não sei bulhufas. Talvez porque faltei à aula, pois meu tio me levou em uma viagem a mais de 200 milhas de distância. Trouxemos duas toneladas de mercadorias de Chicago. Meu tio tinha dito para onde estávamos indo e eu tinha de indicar as estradas e as distâncias em milhas. Ele só dirigia o caminhão e virava à direita, à esquerda quando eu mandava. Como foi bom! Paramos sete vezes e dirigimos mais de quinhentas milhas, ida e volta. Estou tentando calcular o óleo e o desgaste do caminhão para ver quanto ganhamos.

Eu costumo fazer contas e escrever as cartas para todos os fazendeiros sobre os porcos e os bois trazidos. Houve apenas três erros em dezessete cartas e, diz minha tia, só problemas de vírgulas. Se eu pudesse escrever composições bem assim... Outro dia, o assunto era: "O que uma rosa leva da primavera..." e não deu!

Também não dou para Matemática. Parece que não consigo me concentrar nos problemas. Um deles era assim: "Se um poste telefônico, com 57 pés de comprimento, cai atravessado em uma estrada de modo que 17 pés sobrem de um lado e quatorze de outro, qual a largura da estrada?" Acho uma bobagem calcular a largura da estrada. Nem tentei responder, pois o problema também não dizia se o poste tinha caído reto ou torto.

Não sou bom em trabalhos manuais. Todos nós fizemos um prendedor de vassoura e um segurador de livros. Os meus foram péssimos. Também... não me interessei. A mãe nem usa vassoura desde que ganhou o aspirador de pó e todos os nossos livros estão dentro de uma estante com porta de vidro. Eu quis fazer uma fechadura para o trailer de meu tio. Mas a professora não deixou, pois teria que trabalhar só com madeira. Assim fiz essa parte de madeira na escola e o resto na garagem de meu tio. Ele disse que economizou mais ou menos 10 dólares com meu presente.

Moral e Cívica também é fogo. Andei ficando depois da aula, tentando aprender os artigos da Constituição. A professora disse que só poderíamos ser bons cidadãos sabendo isso... e eu quero ser um bom cidadão. Mas detestava ficar depois da aula porque um bando de meninos estava limpando o lote da esquina para fazer um *playground* para as crianças do Lar Metodista. Eu até fiz um conjunto de barra, usando canos velhos. Conseguimos dinheiro vendendo jornais velhos para fazer uma cerca de arame em volta do lote.

O pai disse que eu posso sair da escola quando fizer quinze anos. Estou doidinho para isso, porque há um mundo de coisas que eu quero aprender a fazer e já estou ficando velho...

Em suma, podemos afirmar que poucos sujeitos podem ser considerados cidadãos no sentido de pertinência consciente, autônoma, crítica, criativa e transformadora em seu contexto social. Neste aspecto, não são grandes os esforços para a construção de comunidades. O que, na verdade, ressalta no meio social são grupos de pessoas reunidos em coletividades, nos quais a máxima popular "cada um por si e Deus por todos" parece predominar. Neste aspecto, a escola deveria ser um lugar privilegiado para o desenvolvimento das bases da formação do cidadão. A ela cabe elaborar seu projeto pedagógico que contenha princípios e valores que gerem ações que favoreçam a formação para vivência plena da cidadania.

Após a análise que acabamos de fazer dos sentidos das palavras indivíduo, sujeito, pessoa e cidadão, reforçamos nossa convicção da importância destes conceitos nas relações entre professores e alunos. A formação para a cidadania nos parece ser o fundamento dos projetos pedagógicos da maioria das escolas em todos os níveis. Para alcançá-la é fundamental que se leve em conta as características psicossociais dos alunos, tendo em vista que, como sujeitos únicos, eles aprendem de forma singular. Esta aprendizagem estará necessariamente vinculada ao seu contexto social. É este conjunto de elementos que deve estar presente, para o professor, ao planejar suas práticas pedagógicas.

2. Os fundamentos epistemológicos

A escola é uma instituição com a missão de oferecer aos estudantes saberes socialmente construídos, visando sua inserção numa cultura singular e preparando o cidadão para a vida em seu contexto social. Os saberes socialmente construídos, socializados e legitimados são a matéria-prima na relação entre o professor e o aluno. Mas qual é o *status* destes saberes? O que eles representam: Uma descrição ou uma representação do mundo físico e do social? Essas questões nos levam ao estudo da epistemologia do conhecimento.

Epistemologia[4]

A epistemologia, de modo geral, pode ser conceituada como a teoria do conhecimento racional. A epistemologia que chamamos de *tradicional/positivista* (dominante) baseia-se na racionalidade técnica do conhecimento e é inspirada numa descrição de mundo; quanto mais ela for próxima da realidade mais confiável ela é. Quanto mais isenta do observador (sua ideologia, sua vivência pessoal, seus valores individuais) melhor ela será. Nos processos de ensino e de aprendizagem, o comportamentalismo (behaviorismo) dá o suporte metodológico, fazendo com que o conhecimento-verdade seja fixado pela repetição sistemática.

Por outro lado, a epistemologia *construtivista sociointeracionista* tem por base o conhecimento como uma **representação** de mundo e não como uma **descrição** da realidade. Esta re-

---

4. Para melhor compreensão do tema Epistemologia, ver MORETTO, V. *Prova:* momento privilegiado de estudo, não um acerto de contas. 7. ed. Rio de Janeiro: Lamparina, 2007, cap. 3.

presentação é construída (construtivismo) num processo de interação social (sociointeracionista) entre o sujeito que aprende e os saberes socialmente construídos, socializados e legitimados. Nessa perspectiva, as verdades/representações não são a descrição de uma realidade ontológica, mas uma representação de uma realidade socialmente construída. Logo, as verdades não são absolutas, mas transitórias; não são intrínsecas, mas extrínsecas; não são nem do objeto e nem do sujeito, mas da relação entre eles.

Para o planejamento das práticas pedagógicas é fundamental o professor ter a noção clara de sua opção epistemológica, pois sua aula será o reflexo de sua epistemologia (cf. MORETTO, 2007). Se, para o professor, o conhecimento é uma descrição de mundo, ele planejará suas ações no sentido de descrever com precisão o mundo físico e social, propondo verdades que independem do sujeito. Os alunos deverão, neste contexto, aprendê-las e repeti-las. No entanto, se a visão epistemológica for a construtivista sociointeracionista, o planejamento das ações pedagógicas terá por base a participação criativa dos alunos com a mediação do professor. Neste caso, o que o aluno já sabe, suas concepções prévias são de fundamental importância para construção de novos conhecimentos.

Para melhor entender os fundamentos epistemológicos da interação entre professor e aluno, vamos estudar os sentidos associados a quatro palavras-chave: **dado**, **informação**, **conhecimento** e **saberes**. Vamos também analisar a importância de sua compreensão tanto para um bom planejamento pedagógico, como para a aprendizagem dos alunos.

A *palavra* dado

No aspecto da linguagem, chamamos de **dado** um signo ou conjunto de signos que têm a possibilidade de ter vários sentidos, dependendo do contexto em que é utilizado. São exemplos de dados: folha, dois, estrela, condução, quadrado. Se perguntarmos a alguém o que significa a palavra **folha**, possivelmente ele dirá: "depende! Pode ser folha de árvore, folha de papel, folha corrida da pessoa etc." Então o "dado folha" tem vários sentidos possíveis, dependendo do contexto em que é utilizado. Da mesma forma, a palavra **dois** é um dado cujo sentido precisará ser complementado. A pergunta natural será "dois o que?" Fica claro que o dado **dois** já tem um núcleo de sentido (conjunto de dois elementos), mas que precisará de mais elementos complementares para esclarecer de que se está falando.

A escola, como instituição social, ainda passa para seus alunos muitos dados que são internalizados por eles, ficando armazenados em sua estrutura cognitiva, para serem repetidos em provas e imediatamente esquecidos, porque não relacionados com a experiência da vida dos estudantes, nem com seus conhecimentos anteriores. Analisemos uma situação que pode ilustrar o que estamos dizendo.

Em uma prova de Matemática da 4ª série do ensino fundamental encontramos a seguinte questão:

> Pela manhã os funcionários da cantina colocaram na geladeira 72,3 latas de refrigerantes para gelar. À tarde foram colocadas 8,7 latas. Quantas latas ficaram fora da geladeira se sua capacidade máxima é de 535 unidades?

Analisando o enunciado vemos situações esdrúxulas e mesmo ilógicas. Vejamos: 1) De que forma alguém pode colocar ou três ou sete décimos de lata numa geladeira: Cortando a lata ou derramando o líquido? A situação é irreal. 2) Há inúmeras respostas para o problema, pois não se sabe qual era o estoque de latas que já estavam fora. Se havia 200 latas, não ficou nenhuma de fora. Se havia 601, ou 1000, ou não importa o número acima de 535 latas, qualquer resposta seria correta. No caso específico, a criança perdeu meio ponto (0,5) porque não entendeu o problema. Sobre os alunos sempre recai a crítica: "vão mal em matemática porque não sabem ler e compreender os problemas". Não seria o momento de se perguntar se isto não é consequência da má formulação das questões propostas, como esta que acabamos de apresentar?

Outro exemplo está na mesma prova de matemática, na questão de número 8. No início da prova a professora contextualizou a atividade escrevendo: *"Para a Semana da Criança aqui no Colégio do Mundo Repetitivo (demos nome fictício), planejamos diversas atividades para comemorarmos esse dia tão especial"*.

Questão 8: Arme e efetue as operações indicando o material de limpeza usado pelo Colégio para deixá-lo novamente em ordem:

a) 63 + 12,7 + 84,68 =

b) 15.600 − 39,47 =

c) 4.867 : 32 =

d) 7.039 x 0,57 =

e) 11.845 : 25 =

De que material de limpeza poderia estar tratando a questão? As operações com estes dados pouco ou nada significam para que se tenha a ideia do material utilizado. O aluno poderá fazer as operações, acertá-las e não ter a mínima ideia do que o contexto quer dizer. Novamente o comentário volta: dizemos que os alunos não sabem ler e não sabem operar porque não entendem o que leem[5]. Ou será que não entendem porque o que escrevemos tem sentido em nosso contexto, mas não no contexto deles? Volta a importância da linguagem no processo de ensino e da aprendizagem.

A *palavra* informação

Chamaremos informação a um conjunto de dados relacionados logicamente, de forma a dar sentido à sentença. Tomemos, para análise, os seguintes dados: caminhão, Curitiba, JFV, placa, cidade, 2437, Ford. Estes dados, tomados isoladamente, têm um sentido possível, que chamaremos de núcleo do dado. No entanto, eles podem ter muitas interpretações, dependendo do contexto em que forem utilizados. Uma das informações possíveis é: "acabou de passar um caminhão de marca Ford, placa JFV 2437, de Curitiba".

Uma das atividades do professor é propor aos alunos informações para ajudá-los a descobrir o sentido das sentenças em contextos específicos. Na verdade, muitas informações acabam

---

5. Para ilustrar mais o assunto, ler: MORETTO, Vasco P. *Prova*: um momento privilegiado de estudo e não um acerto de conta*s*. Rio de Janeiro: DP&A, 2000.

sendo absorvidas pelos alunos como simples dados, porque eles não conseguem captar o sentido delas.

Vejamos alguns exemplos:

1ª informação

"$(a + b)^2 = a^2 + 2ab + b^2$" Este produto notável para muitos alunos ainda é um simples decorar do resultado: *o quadrado do primeiro, mais duas vezes o primeiro vezes o segundo, mais o quadrado do segundo*. Sabem até mesmo "aplicar a fórmula" no caso $(x + 3)^2$, cujo resultado é $x^2 + 6x + 9$. No entanto, esta expressão nada significa para eles, não passando da mera repetição de um conjunto de dados que nem sequer transforma-se em conhecimento, pois não adquire sentido em sua estrutura cognitiva.

2ª informação

"*A fórmula para achar a área de um triângulo é a medida base vezes a medida da altura dividido por dois*". Esta informação, muito utilizada e mesmo transcrita em livros-texto, está com alguns erros grosseiros. O primeiro é saber se um triângulo realmente tem área. Não tem! Se considerarmos área como a medida de uma superfície e definirmos triângulo como uma figura geométrica plana formada por três segmentos de reta (um polígono de três lados), ele não tem superfície, portanto não podemos determinar sua área. O leitor deverá estar se perguntando: "Então, a fórmula tanto ensinada A = b x h/2 (a área do triângulo é dada por base vezes a altura dividido por dois) não existe?" Claro que sim, só que com outro sentido, ou seja, ela serve para determinar a área de uma superfície plana delimitada por um triângulo.

Este é um triângulo formado por três segmentos de reta.

Esta é uma superfície plana em forma triangular, cuja área pode ser determinada pela fórmula A = b x h/2.

Mas a maioria das pessoas não interpreta assim. Este é um caso de um conjunto de dados que nem sempre adquire o real sentido, ficando em nível de simples interiorização de informação, sem transformar-se em conhecimento, pois os alunos interiorizam informações, não captam seu sentido e as repetem mecanicamente.

3ª informação

"João pesa quarenta quilogramas". É muito comum ouvir esta informação. Quem tem conhecimentos na área das ciências da natureza sabe que quarenta quilogramas é uma informação que se refere à massa do João e não ao seu peso, que, neste caso, seria aproximadamente de 400 Newtons (usamos $g = 10$ m/s^2 na aplicação da relação $P = m . g$, ou seja, $P = 40$kg x 10 m/s^2, $P = 400$ Newtons). Para quem trabalha com Física, por exemplo, seria um grave erro confundir os conceitos de massa e de peso, mas para as pessoas que usam a linguagem do senso comum, quando se fala 40 kg como peso, elas têm uma noção do que se fala, não tendo, no entanto, a informação correta do ponto de vista da Física, da diferença entre massa e peso.

Ao ler esses exemplos, vemos que informações, mesmo que logicamente estruturadas, nem sempre se transformam em conhecimentos, pois os sujeitos não lhes dão automaticamente sentido ao interiorizá-las. Vejamos, com mais detalhes, o que isso significa, explorando o conceito de conhecimento.

A *palavra* conhecimento

Chamamos conhecimento às informações interiorizadas pelo sujeito cognoscente, que tomam sentido em sua estrutura cognitiva, ou seja, essas informações, junto às demais existentes numa rede de informações lógica e significativamente relacionadas, passam a ter significado novo, no contexto desta rede. Esta estrutura é única para cada sujeito, pois as histórias de cada um são únicas. Com isto, estamos dizendo que o conhecimento é uma construção individual mediada pelo social. Por isto afirma-se que cada sujeito constrói seu próprio conhecimento. Tal construção, no entanto, não tem o sentido de uma elaboração de uma estrutura de conceitos e relações estruturadas de maneira fixa e estática, como na estrutura de uma casa. Pelo contrário! A expressão "construção de conhecimento pelo sujeito cognoscente" tem sentido dinâmico, ou seja, a cada nova informação assimilada, o sujeito procura acomodá-la em sua estrutura cognitiva com os demais conhecimentos aí elaborados, segundo a teoria piagetiana.

Na verdade, a escola transmite muitas informações sem que nem sempre elas transformem-se em conhecimentos para os alunos, ou seja, os estudantes as recebem, repetem quando solicitados, não lhes dando sentido em sua estrutura cognitiva. Neste caso, dizemos que há uma justaposição de informações sem estabelecer novas relações. Dizemos, numa linguagem comum, que ficam "soltas". Muitas vezes pode ocorrer uma contradição entre informações e, por consequência, o estudante convive com elas justapostas. Para ele não há conflito cognitivo. É o caso que já relatamos em texto anterior de uma menina que havia recebido na escola as informações relativas aos movimentos do Sol, da Terra e da Lua[6].

Uma aluna de 11 anos chegou em casa, de volta da escola, e falou para a mãe:

– Mãe, mãe! Hoje vou tirar dez na prova de Geografia. Coloquei na prova tudo o que a professora queria.

A mãe, atenta à linguagem da filha, perguntou pelo assunto tratado em aula, ao qual a filha respondeu:

– A professora estava explicando que a Terra gira em torno do Sol e que era isso que ela queria que a gente respondesse na hora da prova. Sabe, mãe, para melhor explicar o assunto ela colocou um menino de pé, parado em frente à turma. Chamou uma menina e mandou ela andar ao redor dele, dizendo que ela era a Terra girando em torno do Sol. Aí, ela chamou outra menina e mandou ela andar ao redor da primeira, dizendo que era a Lua que estava girando em torno da Terra, enquanto a Terra girava em volta do

---

6. MORETTO, Vasco Pedro. *Construtivismo*: a produção do conhecimento em aula. Rio de Janeiro: DP&A, 2000, p. 106.

Sol. Foi isso que ela perguntou na prova e eu respondi certinho, escrevendo tudo o que acabo de contar.

– Que bom, minha filha – disse a mãe entusiasmada –, isto mostra que você entendeu a matéria e agora sabe como as coisas acontecem, não é mesmo?

– Ora, mamãe, eu só escrevi assim porque sei que era isso que a professora queria que eu respondesse. E tem mais, se eu não colocasse do jeito que ela queria eu não iria tirar dez na prova.

– Mas, filha, então você acha que o que a professora explicou não é verdade?

– Claro que não, mãe. Olha só! Nós duas estamos paradas aqui em casa. De manhã o Sol nasce lá (e aponta para o nascente). Nós continuamos aqui e o Sol vai subindo, subindo, subindo. Ao meio-dia ele está sobre a cabeça da gente. Depois ele vai descendo, descendo, descendo e no final do dia ele está lá (e aponta para o poente). E então, mãe, quem andou? Foi a Terra ou foi o Sol?

Esta situação nos ilustra como a menina recebeu informações e as justapôs com outras já existentes em sua estrutura cognitiva, mas não as acomodou com outras informações já existentes, provindas do senso comum. Para ela, foram duas situações distintas, não contraditórias. Uma delas ela "via" com clareza e a outra eram as informações dadas pela professora. A primeira era fruto de suas observações e a segunda eram dados a serem repetidos no dia da prova para alcançar seu objetivo, tirar notas boas.

Houve época em que nós, professores de Matemática, ensinávamos números primos de modo que os alunos, acreditando conhecerem o assunto, sabiam apenas duas coisas; primeiramente, repetir a informação: *Número primo é todo aquele que é apenas divisível por si mesmo e pela unidade*, ou de outra forma: *número primo é todo aquele que tem apenas dois divisores distintos, ele mesmo e a unidade*. Em seguida repetir: *Os números primos são; 2, 3, 5, 7, 11, 13...* As duas informações são corretas. O aluno que as repetiu havia possivelmente interiorizado sem ter delas se apropriado, dando-lhes o sentido da razão pela qual são chamados **números primos**.

Vejamos uma explicação: a palavra **primo** vem de primeiro. Primogênito quer dizer o primeiro nascido. Da mesma forma, os números 2, 3, 5, 7 etc. são primos porque são os primeiros números naturais, de séries de múltiplos, como podemos ver no quadro que segue:

Primos	Demais múltiplos
2	2 . 4 . 6 . 8 . 10 . 12 .14 . 16 . 18 . 24 . 48 . 60 ...
3	3 . 9 . 15 . 21 . 27 ...
5	5 . 25 . 35 . 55 ...
7	7 . 49 . 77 . 91 ...
11	11 . 121 . 143 ...
13	13 . 169 ...

Observe que os números chamados **primos** são os primeiros das respectivas séries de múltiplos. Podemos, numa linguagem simples, dizer que 4 e 6, por exemplo, não são números primos porque o primeiro da série à qual eles pertencem é o 2. Diremos, então, que eles são os primos do 2. E por que, então, não colocamos o 6 (vindo de 3 x 2) como primo do 3? Porque, embora seja um dos múltiplos do 3, o seis é primo do 2. O leitor pode compreender, assim, a razão pela qual os números 10, 15 e 20, embora múltiplos de 5, não são primos do 5.

Se o leitor que já havia estudado este assunto e que apenas repetia as informações anteriormente explicitadas compreendeu porque se chamam números primos, possivelmente as informações anteriores, transformaram-se em conhecimento.

Para ilustrar ainda mais o que estamos querendo transmitir, apresentamos o que aconteceu com o menino Vitor Pedro, de 7 anos e 11 meses , que morava com sua mãe e seus avós. Com frequência pedia para que alguém fizesse as coisas por ele: "Vô, calça minhas meias", "Mãe, pega água pra mim", "Vô, calça minhas botas" eram pedidos frequentes. Na tentativa de desenvolver sua autonomia, os familiares combinaram de utilizar a expressão "Vitor, autonomia", para estimulá-lo a fazer as coisas por si mesmo.

Numa conversa com seu avô, aprendeu que o oposto de autonomia é heteronomia, isto é, fazer as coisas por dependência dos outros. Seu avô pensava que o Vitor guardaria o dado "heteronomia" apenas como dado, sem conseguir transformá-lo em informação e muito menos aplicá-lo corretamente em alguma situação específica.

Num determinado dia, Vitor Pedro falou para sua mãe:

– Mãe, pega meus tênis, quero sair com meu avô.

Imediatamente o avô, que escutava a conversa dos dois, lembrou a palavra mágica:

– Vitor, autonomia.

Ele respondeu de imediato:

– Vô, agora prefiro heteronomia.

Essa situação é indicadora da apropriação pelo Vitor da informação associada à palavra heteronomia, uma vez que ele soube repeti-la, utilizá-la com correção numa situação singular e no momento oportuno. Dizemos que o Vitor recebeu uma informação, apropriou-se dela, integrando-a com sentido em sua estrutura cognitiva e aplicando-a na hora certa: ele **construiu um conhecimento**.

A *palavra* saberes

O conhecimento é uma construção individual, mediada pelo social. Embora cada sujeito construa seus conhecimentos, esta construção não é idiossincrática, ou seja, ela não tem um sentido diferente para cada indivíduo. Pelo contrário, ela é resultante de uma interação social, via linguagem e imersão em determinado contexto cultural, com o objetivo da inserção do sujeito em seu meio.

Esta inserção ocorre através de uma atividade intersubjetiva, na qual um conjunto de informações é discutido, originando um conhecimento construído pelo sujeito transcendental constituído por aquele grupo. A este conhecimento chamamos **saberes**.

Vejamos como melhor ilustrar o assunto. Um grupo de médicos estuda determinado assunto. Cada um constrói um corpo de conhecimentos em torno daquele assunto. Este corpo é pessoal e único. Mas a finalidade do estudo não é o desenvolvimento de conhecimentos individualizados. Eles, então, se reúnem, debatem o assunto, afinam a linguagem e convencionam o que será a verdade aceita pelo grupo. Socializam-na, buscando sua legitimação por seus representantes. Desta maneira constitui-se um saber médico sobre um assunto determinado, que pode ser compartilhado por um pequeno grupo ou por outro maior, dependendo do poder de convencimento, de comprovação e de aplicabilidade do assunto. Idêntico raciocínio pode ser feito para os **saberes** na área jurídica, da área das ciências da natureza, das tecnologias ou outras mais.

Retomando o conceito de sujeito, diremos que os saberes são o conhecimento de um sujeito transcendental, resultado do compartilhamento intersubjetivo de um grupo de sujeitos e legitimado por representantes daquela área do conhecimento humano. Assim, cabe às instituições da área médica legitimar os saberes médicos. Da mesma forma, os representantes legais da área jurídica legitimam os saberes jurídicos.

Esta linha de pensamento nos leva a afirmar que, no domínio dos saberes, não há verdades absolutas. Elas serão sempre contextualizadas em função da evolução dos grupos sociais, das necessidades e dos projetos dos cidadãos.

A escola, por sua vez, adquire uma função com foco bem definido, à luz do conceito de saberes que acabamos de apresentar, ou seja, a ela cabe o dever de selecionar, dentre os saberes socialmente construídos, aqueles que constituem as bases com vistas à introdução dos novos membros da sociedade no contexto da cultura e dos saberes de seu próprio grupo social. Esta introdução tem dois objetivos: o primeiro é selecionar os conteúdos e apresentá-los para que seus membros entendam os valores e os saberes que identificam seu contexto. O segundo é desenvolver a capacidade crítica para entender o que seria melhor para as novas gerações e ser um agente transformador de sua própria sociedade.

O conceito de saberes está associado ao fato de que a quantidade de conhecimentos construídos no mundo de hoje se torna cada dia mais difícil de ser abarcada pelos sujeitos tomados individualmente. Por isso, cada vez mais é necessário compartilhar ideias e conhecimentos, numa forte atuação intersubjetiva para que o todo se construa pelo desenvolvimento das partes resultando forte sujeito transcendental. Esta é a razão para promover-se trabalhos em grupos.

Nos três últimos parágrafos procuramos acentuar a visão epistemológica construtivista sociointeracionista. Enfatizamos que a escolha que o professor faz da epistemologia determina sua orientação didático-pedagógica. Por isso, julgamos importante estudar os fundamentos didático-pedagógicos da relação entre professor e aluno, tendo como pano de fundo a epistemologia que fundamenta nosso trabalho.

3. Os fundamentos didático-pedagógicos

No planejamento de suas atividades pedagógicas o professor precisa fazer escolhas sobre modelos de relação entre professor e aluno. Estas escolhas formam as bases dos processos de ensino e de aprendizagem. A este conjunto de escolhas teóricas que orientarão a prática docente estamos chamando de fundamentos didático-pedagógicos. Três conceitos são determinantes na orientação tanto para o planejamento como para a práxis do professor: o **aprender**, o **ensinar** e o **avaliar a aprendizagem**. Abordaremos estes conceitos na visão epistemológica construtivista sociointeracionista e no modelo pedagógico do desenvolvimento-de-competências.

O aprender

O estudo do processo da aprendizagem já foi objeto de inúmeras pesquisas e de vasta literatura. Ele está obrigatoriamente presente quando tratamos da relação professor-aluno em contexto escolar, sobretudo quando o tema é o planejamento da atividade do professor com vistas a facilitar, para seus alunos, a construção de conhecimentos.

O princípio que adotaremos no desenvolvimento de nossas ideias a respeito do aprender é o seguinte: "**aprender é construir significado**". Evidentemente que essa afirmação precisa ser contextualizada para ser bem compreendida. Há certas aprendizagens que classificamos como meramente mecânicas e repetitivas, como, por exemplo, fazer crochê, dirigir um carro, colar um rótulo numa garrafa, apertar o botão de uma máquina para levantar uma cancela etc. Essas aprendizagens não exigem do sujeito grande esforço de compreensão de causas e consequências de sua atividade, ou então de estabelecer relações complexas num universo simbólico teórico. Podemos afirmar que essas aprendizagens são simples e fáceis de serem aplicadas (geralmente de forma repetitiva) pelo "aprendente".

Devemos ressaltar, no entanto, que o desenvolvimento de tecnologias e a consequente automação de procedimentos diminuem cada vez mais a necessidade das aprendizagens meramente mecânicas, exigindo dos sujeitos a aprendizagem de significados mais complexos das relações entre os elementos que constituem uma situação problemática. Por esta razão, no contexto escolar, a cada dia são maiores as exigências na preparação dos alunos, tanto para a competência profissional como para sua participação como cidadãos, na melhoria da qualidade de vida, tanto pessoal como de seu grupo social. Esta é, a nosso ver, uma forte razão para um ensino escolar voltado para aprendizagens significativas, e não para aprendizagens meramente mecânicas, ainda tão frequentes em escolas que classificamos de tradicionais: alunos recebem questionários, respondem as questões (quando já não vêm respondidas para que o aluno as estude), decoram as respostas e, no dia das provas, respondem o que decoraram. Em certa oportunidade, encontrei um aluno de 6ª série se preparando para sua prova de Geografia. Estava decorando o questionário que sua professora havia passado no quadro verde. Uma das questões era: "Qual a origem da terra roxa?" Quando lhe fiz a pergunta, verificando se sabia a lição, ele respondeu rapidamente: "originou da decomposição do basalto". Perguntei-lhe, então: "E o que é, para você, basalto?" Ele, espantado, respondeu: "isso não tenho nem ideia, mas sei que está certo, pois copiei do quadro a resposta que a professora colocou". Questionamos, então, que significado o aluno deu ao que aprendeu? Nenhum! No entanto respondeu mecanicamente o que havia aprendido sobre a pergunta feita e vai ganhar o ponto referente a esta questão da prova!

Com relação à aprendizagem do aluno, é preciso relembrar o que vimos no item anterior, tratando dos fundamentos epistemológicos: **o aluno é o construtor de seus próprios conhecimentos**. Esta construção ocorre a partir das informações que recebe e na medida em que consegue estabelecer relações significativas num universo simbólico de sua estrutura cognitiva. Em outras palavras, os alunos, quando abordam qualquer situação de aprendizagem, já trazem construídas representações/conhecimentos que constituem o que chamamos suas **concepções prévias**. Os novos conhecimentos serão construídos a partir destas representações, construindo novas relações. Estas, nem sempre claramente visíveis, constituem a essência do processo da construção do conhecimento. Por isto dizemos que o aluno aprende na medida em que constrói conhecimentos, ou seja, na medida em que se apropria de informações, dando-lhes significado no universo simbólico de sua estrutura cognitiva.

A aprendizagem do aluno ocorre por um processo dialético, como já desenvolvemos em textos anteriores[7]. O ponto de partida será sempre o que o aluno já sabe, ou seja, os seus conhecimentos prévios relativos ao objeto de conhecimento do qual se espera a aprendizagem do aluno. O estudo deste novo objeto deve ancorar-se em conhecimentos que o aluno já construiu, o que lhe permitirá dar sentido a conceitos, relações e linguagens relativas ao novo objeto a ser aprendido. É neste sentido que afirmamos que a construção de qualquer conhecimento pelo aluno estará profundamente relacionada à sua estrutura cognitiva, ou seja, ao conjunto de ideias e de propriedades organizacionais (habilidades de estabelecer relações) que o aluno já tenha construído com suas experiências de vida.

O ensinar

Se aprender é construir significado, **ensinar é mediar esta construção**. O que estamos afirmando, e queremos enfatizar, é que *oportunizar aos alunos a construção de conhecimentos não é apenas transmitir-lhes informações*. Essa visão reforça o conceito do processo que estamos analisando, ou seja, o ensinar na perspectiva epistemológica construtivista sociointeracionista. Neste foco, a função do professor é organizar o contexto da apresen-

---

7. Ver MORETTO, Vasco P. *Prova*: momento privilegiado de estudo, não um acerto de contas. Op. cit., cap. 4, p. 41-44.

tação de conhecimentos socialmente construídos de modo a facilitar ao aluno a aprendizagem significativa de conteúdos relevantes.

Nesta linha de pensamento, dizemos que o professor precisa planejar suas estratégias pedagógicas respeitando as características psicossociais e cognitivas de seus estudantes. Assim, por exemplo, um professor do primeiro ano do Ensino Fundamental não deveria enfatizar, em Matemática, o ensino da tabuada e das operações fundamentais, sem contextualizá-las e concretizá-las, visto que alunos desta faixa etária estão, presumivelmente, no que chamamos de operatório concreto, ou seja, eles precisam de objetos de conhecimento para operar matematicamente: é o que Piaget chama de *centração*. Assim, em lugar de exigir que o aluno faça grande quantidade de "contas" para aprender e fixar a matemática, é aconselhável que se enfatize situações nas quais precise operar com objetos concretos. Em lugar de propor simplesmente (4 + 3) como exercício de fixação do processo de adição, é desejável que ele resolva situações do tipo:

Somando quatro cavalos com três vacas teremos... animais. (Solicitar sempre que o aluno dê a quantidade e que perceba o "elemento comum" aos dois conjuntos, no caso sete animais.)

Somando quatro laranjas com três bananas teremos... frutas.

Somando quatro cavalos com três cenouras teremos... (É interessante que se proponha, desde cedo, este tipo de situação, mesmo aparentemente paradoxal, para que os alunos desenvolvam a habilidade de identificação de variáveis e não operem apenas mecanicamente.)

À medida que os alunos avançam na idade, aumenta sua capacidade de abstração (*descentração*). No caso das atividades acima indicadas, o aluno irá perceber que em todas as situações apareceu um elemento recorrente: 3 + 4, e o resultado foi sempre sete (7). O professor deve planejar atividades pedagógicas que reforcem aprendizagens de objetos de conhecimento que exijam maior generalização. É por isso, por exemplo, que a Álgebra é ensinada a partir do sétimo ou oitavo ano de estudos: sua compreensão exige operações com maior nível de abstração. Por exemplo, quando alguém afirma que $a = b$ e $b = c$, logo $a = c$, tudo parece claro e normal. Para uma criança, porém, pode parecer um absurdo, pois $a = a$ e $b = b$. Isto seria o correto para ela. No entanto, a, b e c são sinais com uma interpretação específica de generalização: a representa alguma coisa e b também. Este é o sentido. Não comparamos a com b, mas o que a e b representam. Constatamos também que nos primeiros anos de estudo os professores se valem, com maior frequência, do uso de analogias. No dia-a-dia do professor é frequente a expressão: "Isto é como se fosse...", no entanto, à medida que os alunos evoluem, o uso de analogias irá diminuindo (não eliminado!), reforçando-se a abordagem de modelos que, geralmente, constituem maiores abstrações.

Em síntese, parece-nos claro que a função do professor é ensinar. Este conceito deve ser entendido, no contexto de nosso trabalho, como organizar condições que facilitem a aprendizagem significativa de conteúdos relevantes. Planejar, neste contexto, assume um papel importante para o professor, pois um dos primeiros cuidados em seu planejamento é verificar a relevância do que está sendo proposto para a aprendizagem, diante do contexto de seus alunos. Essa relevância advém do contexto social e sociocultural dos estudantes. Ao mesmo tempo em que o professor organiza a escolha de conteúdos relevantes, ele planeja estratégias pedagógicas que favoreçam uma aprendizagem significativa por parte dos alunos.

O avaliar a aprendizagem

Avaliar a aprendizagem é uma situação complexa a desafiar o professor em sua tarefa de acompanhar a construção do conhecimento de seus alunos. Esse desafio se revela maior à medida que o conhecimento construído pelo sujeito que aprende é um elemento intangível, imponderável e incomensurável e, como tal, não pode ser atingido diretamente. Para alcançá-lo é preciso obter elementos (palavras, sinais, símbolos) que serão interpretados pelo professor como indicadores de uma possível construção do conhecimento.

Nesta linha de pensamento, avaliar a aprendizagem é um processo que deve manter coerência com o processo da "ensinagem", ou seja, o professor avalia o que o aluno aprende para poder criar novas e melhores condições para novas aprendizagens.

Em outras palavras, a avaliação não é um produto final, fechado e acabado. Ela é um momento privilegiado em que o professor recolhe dados para sua reflexão-na-ação com vistas a redirecionar seu processo de ensino.

Neste foco, o processo de avaliar a aprendizagem pode ser visto sob dois aspectos. Ao primeiro chamamos de **avaliação analítica, assistemática e contínua** (chamada por muitos autores de avaliação formativa/qualitativa) e ao segundo, **avaliação sistemática ou momentos de síntese**. A avaliação assistemática é parte integrante do processo de ensinar e se funde com ele. À medida que o professor ministra sua atividade pedagógica de ensinar, ele avalia continuamente o que ocorre com seus alunos. Quando explica um novo conceito e vê que alguns alunos ficam sérios e franzem a testa, o professor percebe que foi emitido um "sinal" de que precisa parar e explicar novamente.

Da mesma forma, quando o professor acaba uma explicação e se volta para os alunos perguntando "*Vocês entenderam?*", e alguns deles balançam negativamente a cabeça, o professor capta o "sinal" de que precisa parar, refletir, reavaliar, perguntar sobre as dúvidas e, rapidamente, replanejar um novo caminho explicativo, com nova linguagem e novas analogias. É a esta avaliação que chamamos de contínua, assistemática e analítica. É contínua, pois pode ocorrer a qualquer momento do processo de ensino; é assistemática porque não pode ser previamente programada; e é analítica, pois o professor deverá fazer a análise de cada momento do processo em que ela ocorre no contexto do acontecimento.

A avaliação analítica dependerá da competência e da sensibilidade do professor em perceber os "sinais" emitidos pelos alunos e de sua criatividade em buscar caminhos alternativos e estratégias mais adequadas para ensinar. É neste foco que está o desafio para o educador, pois o tempo é curto entre a percepção dos sinais, a análise de seu possível significado e a tomada de decisão para um replanejamento.

Para perceber sinais, analisá-los, avaliá-los e replanejar com rapidez e eficiência, exige-se do professor a **competência no ensinar**, ou seja, ele precisa ter desenvolvido recursos para poder mobilizá-los no momento em que a situação complexa o exigir.

Este é o modelo pedagógico da reflexão-na-ação proposto por Donald Shön, que é uma das bases de nossos estudos.

Na análise que estamos fazendo da avaliação da aprendizagem, vemos que *não é possível separar o avaliar do ensinar: avalia-se ensinando, ensina-se avaliando.* É único o processo que aproxima avaliado do avaliador e permite que ambos ensinem e aprendam, ao mesmo tempo, um com o outro.

Na tradição escolar há um segundo momento para a avaliação, o qual chamamos de avaliação **sistemática** ou **momentos de síntese**. Esta avaliação pode ocorrer de tempos em tempos sendo planejada ou pelo professor ou pela organização escolar. Estes momentos são uma parada estratégica para avaliar o processo ensino-aprendizagem, com o intuito de recolher novos "sinais" indicadores da aprendizagem. Eles serão um novo marco para a reorientação do processo de ensino.

Semanas de prova, dias de prova, provas marcadas no calendário escolar ou pelo professor em seu planejamento de ensino são momentos que constituem a avaliação sistemática. Sua importância, a nosso ver, repousa em dois aspectos fundamentais. O primeiro é o fato de que, *o que se aprende num dia, pode-se esquecer no outro.* De tempos em tempos é preciso fazer uma síntese das aprendizagens ocorridas num certo período de atividade pedagógica, verificando as relações que os alunos estão estabelecendo entre os novos conhecimentos e seus conhecimentos anteriores. Por esta razão chamaremos esta avaliação de "momentos de síntese".

Em segundo lugar, a importância da avaliação sistemática está relacionada à escolha de conteúdos relevantes que se imagina que os alunos precisam aprender. Nem tudo o que se ensina deverá ser "guardado" para sempre. Há conteúdos que são relevantes para a vida do aluno. Estes devem permanecer por mais tempo na sua estrutura cognitiva. Estes conhecimentos precisam ser revistos de tempos em tempos para oportunizar melhor fixação. Por esta razão, julgamos que a aprendizagem significativa de conteúdos relevantes deverá ser avaliada sistemática e periodicamente.

Com este enfoque, queremos enfatizar que, ao contrário do que acreditam alguns alunos, professores e pais de alunos, a avaliação da aprendizagem não tem a finalidade de **apenas** classificar (LUCHESI, 2003), nem de punir, nem de reprovar. Sua finalidade principal é ser um instrumento para o professor recolher sinais indicadores da possível aprendizagem significativa e, em consequência, replanejar as ações pedagógicas que possibilitarão novas e fecundas aprendizagens. Quando enfatizamos o "apenas", é porque concordamos com a afirmação "é mister levar-se em conta que toda avaliação é classificatória" (DEMO, 2005: 48). Enfatizamos, assim, que ela é **também** classificatória. E classificar é inerente à vivência humana, pois "perceber as diferenças entre os alunos não é apenas importante, hoje é exigência da multiculturalidade" (DEMO, 2005: 48).

Em síntese, não é preciso condenar a prática de provas escritas como sendo **a vilã** do fracasso escolar. Professores não precisam ter vergonha de afirmar que avaliam a aprendizagem de seus alunos **também** (enfatizo o também) por meio de provas escritas individuais, em grupo, com ou sem consulta, marcadas de tempos em tempos, por eles ou nos calendários escolares. O que precisa ser feito é *ressignificar* o conceito destas atividades, ou seja, tomando-as como instrumentos para recolher "sinais" que serão interpretados como indicadores da eficiência dos processos de ensino e de aprendizagem, os quais têm como objetivo final a construção de conhecimentos pelo sujeito do processo educativo: o aluno.

4. Os fundamentos éticos
Moral e ética

A média mínima para aprovação é seis (6,0) e o aluno só alcançou cinco vírgula nove (5,9). "Ora", disse o professor, "eu fui justo, ele mereceu 5,9 e eu dei os 5,9; era o seu direito e o meu dever, assim a justiça foi feita". Por outro lado, o aluno reclama: "Isso é a maior injustiça, o professor me reprovou por apenas um décimo (0,1)".

Professor e aluno apelam por **justiça**. Que sentido cada um deles estará dando a este conceito? À primeira vista não parece ser o mesmo. Para o professor, o justo parece ser: atribuir ao aluno o que ele obteve; para o aluno, a justiça é associada a um ato de **generosidade** do docente, por isto, apela para a "compreensão" do professor ante seu esforço e seu desenvolvimento e, ainda, do "pouquinho" que falta para sua aprovação.

Podemos relacionar as virtudes da justiça e da generosidade, respectivamente, com os conceitos de moral e de ética. Estes conceitos têm na origem um elemento comum: moral, do latim *mos/moris*, significando **costumes**; ética, do grego *ethos*, que também pode significar **costumes**. Em princípio, fica claro que, ao nos referirmos aos conceitos de moral e de ética, estamos falando de algo relacionado aos costumes e que, por isso, a ética e a moral variam segundo as diferentes culturas e as diferentes histórias dos grupos sociais.

Estudos recentes procuram estabelecer distinção entre moral e ética. O autor Compte-Sponville é um deles, como ressalta Yves de La Taille (2002, 30):

> [...] entendo por moral tudo o que fazemos por dever (como em Kant), ou seja, submetendo-nos a uma norma vivida como coação ou mandamento; e entendo por ética tudo o que fazemos por desejo ou por amor (como em Spinoza), ou seja, de forma espontânea, sem nenhuma coação outra que aquela da adaptação ao real. A moral ordena; a ética aconselha. A moral responde à pergunta: "o que devo fazer"; a ética, à pergunta: "como devo viver".

Nesta linha de pensamento, relacionamos moral com regras, normas, isto é, com a procura de respostas à questão: "o que devemos fazer?" A ética, por sua vez, se relaciona com o questionamento das normas, com a análise das consequências de nossos atos e com a qualidade de vida social que se deseja, procurando respostas à questão: "Como devemos viver?" Em outras palavras, a ética procura estabelecer **princípios e valores** que levem os sujeitos a uma vida boa e harmônica em sociedade. Relacionando os dois conceitos, diremos que a moral estabelece normas e regras de convivência, segundo princípios e valores que garantam a **vida boa** (não confundir com "boa vida" da expressão popular) em um grupo social.

Outro elemento que caracteriza a moral, no enfoque que estamos dando, é a consequência do não-cumprimento de normas e regras estabelecidas. A toda norma/regra estabelecida e não cumprida haverá sempre uma punição. Esta poderá ser de vários tipos, como multas, repreensões, desaprovação social etc.

As virtudes da justiça e da generosidade estão respectivamente relacionadas às respostas às duas perguntas-chave: "**o que devo fazer**" e "**que vida eu quero viver**". A justiça, virtude associada à moral, sempre estará vinculando à punição a que será submetido aquele que descumpre as regras. Já a generosidade, virtude associada à ética, sempre estará relacionando princípios e valores que fundamentam a vida harmônica em comunidade. É neste aspecto que podemos analisar os conceitos de ética e de moral, destacando sua abrangência. Diremos que a ética engloba a moral, pois se esta parte do conjunto de normas e de regras da boa convivência, a ética vai além delas. Em outras palavras, diríamos que a ética pode ser vista como a origem da moral, isto é, enquanto a ética responderia à questão "que vida eu quero?", a moral diria "para esta vida quais serão os direitos e os deveres correspondentes".

Na relação entre os dois conceitos devemos ressaltar que a moral, com suas regras, normas e punições, surge sempre que a ética não é suficiente para promover a relação respeitosa e harmônica entre pessoas. Podemos exemplificar esta ideia analisando uma situação muito atual: **o uso do celular**. Durante uma palestra que reúne dezenas de professores, o uso do celular é regido pela ética, ou seja, desligam-se os aparelhos não por medo de punições (que normalmente não existem), mas por um princípio de respeito aos colegas e ao palestrante que não devem ser perturbados em sua concentração com o soar do telefone ou com a conversa da pessoa que responde à chamada. No trânsito, no entanto, dizemos que o uso do celular é regido pela moral, uma vez que há uma lei que proíbe o uso do celular pelo motorista enquanto estiver dirigindo, e se houver infração a esta norma, haverá a punição legal, cobrada via Justiça.

A questão-chave é a seguinte: Por que foi preciso criar uma lei, com a correspondente punição, para quem utilizar o telefone celular no trânsito, enquanto estiver dirigindo? Não bastariam as recomendações sobre as consequências do uso do celular em trânsito, podendo causar acidentes e até mesmo a morte? Que forte razão podemos alegar para a aplicação da lei e da punição correspondente? Nossa resposta é simples: **sempre que os princípios éticos do respeito e da generosidade não forem suficientes para reger a relação entre pessoas, torna-se necessário "normatizar", ou seja, moralizar as relações estabelecendo obrigações e punições aos infratores.** Em outras palavras, há um ideal de comportamento e educação, qual seja: **agir sempre em nome da ética e da generosidade e não por medo de punições.** As normas que restringem a liberdade individual em benefício da harmonia do convívio social devem, sim, ser estabelecidas, sobretudo para aqueles que não sabem viver em nome da ética. Para melhor compreender as ideias propostas neste parágrafo, vamos nos apoiar nas duas figuras que seguem:

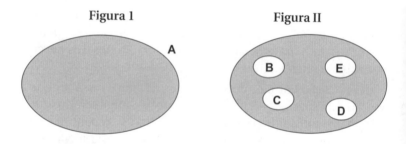

Figura I   Figura II

Na Figura I, representamos o conjunto dos comportamentos que as pessoas de uma comunidade deveriam ter para viver com harmonia e respeito baseados em **princípios e valores**. Estes comportamentos seriam regidos pela ética, pois constituiriam princípios e valores abrangendo os diversos campos das relações de convivência. Na Figura II, os subconjuntos B, C, D e E representam normas e regras que foram impostas em determinadas áreas, sempre que a ética não foi suficiente para harmonizar a convivência social naquele âmbito. É o caso que examinamos do uso do celular. No início, este uso era orientado com base em recomendações do tipo *favor não utilizar o celular em aula, no trânsito, em palestras etc.* Com o tempo, observou-se que as recomendações não eram suficientes (a ética não deu conta de organizar a vida social!). Criou-se então uma lei para o uso do celular no trânsito, com as correspondentes punições para transgressores (a moral foi estabelecida!). Da mesma forma, se pensarmos no campo religioso, temos a moral cristã com os dez mandamentos e as punições correspondentes para quem os descumpre. Se a ética não deu conta de harmonizar as relações sociais estabelece-se a moral!

Levando estes conceitos para o dia-a-dia da sala de aula, surgem questões como: Pode o professor agir de acordo com a moral, mesmo sem ser ético em sua ação? Pode o professor ser justo, contrariando princípios éticos? Abrir precedentes para atender problemas específicos de alguns alunos é injusto?

Aprofundemos nossas reflexões sobre o tema com vistas a encontrar possíveis respostas às questões levantadas.

A moral na base das decisões do professor

Ser professor é interagir com sujeitos e não apenas com indivíduos. A opção pelo magistério pode levar o professor a identificar-se com o perfil do profissional cujo comportamento tenha por base a virtude da justiça que relacionamos à moralidade. Neste caso, **a moral é vista como um conjunto de regras e normas que limitam os direitos individuais em benefício da harmonia social**. Então, o professor "justo" procura guiar-se por princípios com fulcro no binômio direitos/deveres. Seu discurso será do tipo: "Dou toda matéria que está no programa e tudo o que dou cobro nas provas, pois este é meu dever". "Faço a chamada dentro das normas: se o aluno está presente no início da aula **ganha a presença**; mas se chegou cinco minutos depois **leva falta**. Esta é a regra e eu a cumpro; ninguém tem direito de reclamar". "O aluno alcançou 17 pontos nas três avaliações, ele tem o direito à média 5,6, eu lhe atribuo o que ele merece – 5,6 –, isso é o justo, mesmo que fique reprovado, uma vez que a média de aprovação é 6,0 (seis)". O professor, agindo segundo as regras, acredita estar fazendo justiça, isto é, seguindo os fundamentos da moral. "O prazo para apresentar o pedido de segunda chamada de prova é até o quinto dia após a aplicação da prova; o aluno se apresentou no sexto dia (não importa o motivo!), "lamento muito, mas nada posso fazer, pois perdeu o direito à segunda chamada. A regra é esta e eu cumpro!" Neste caso, as notas obtidas pelo aluno nas duas primeiras avaliações foram 8,0 e 9,0 e a perda do direito de fazer a prova em segunda chamada "decretou" sua reprovação. "Eu entendo o caso, o aluno é formando, passou em todas as disciplinas, tendo média final 7,8 na minha; mas teve 16 faltas e a regra é clara: "O aluno que tiver 16 faltas está reprovado por faltas, conforme a Lei e o Regimento, uma vez que 25% de faltas em nosso Regimento corresponde a 15 faltas". Nesse caso, o professor cumpre a regra, faz justiça, atribuindo ao aluno o que a regra manda, não abrindo um "perigoso precedente".

A ética nas relações entre professor e aluno

A ética vai além da moral sem, contudo, negá-la. Ela questiona regras e normas, orientada pela virtude da **generosidade**. A generosidade procura dar ao outro mais do que ele tem direito, isto é, dar a ele o que ele não teria direito pelas regras da pura justiça, mas que a generosidade aconselha que lhe seja dado. Em outras palavras, a ética questiona as regras, analisando as consequências de nossos atos, vendo em que medida pode-se ajudar o outro no contexto em que a regra a ele se aplica.

Analisemos a aplicação desses fundamentos em alguns casos ligados às relações entre o professor e o aluno.

1) Um aluno do Curso Superior é formando. Seu rendimento nas três avaliações regimentais levou o professor a atribuir-lhe média final 7,8 (a média regimental para aprovação é 6,0), mas teve 16 faltas (o regimento exige frequência mínima de 75%, sendo, neste caso, admitido o máximo de 15 faltas). A regra diz: "não há abono de faltas", logo a justiça (base moral) diz "está reprovado por faltas e, se o professor não o fizer, descumpre as regras e fere o princípio moral estabelecido". A ética questiona a situação: que justiça é esta que prejudica o sujeito, levando-o a perder um semestre, ter o prejuízo do dinheiro que já havia pago para sua formatura e, ainda, atrasará por seis meses sua entrada no mercado de trabalho? E mais, o aluno provou que domina o conteúdo, pois sua média é suficiente para a aprovação. Na verdade, ele assiste às aulas para aprender os conteúdos propostos e ele mostrou que aprendeu. Por que exigir e punir por falta de frequência? O que lhe acrescentará de **benefício** o repetir a disciplina, se considerarmos os outros **prejuízos** que isso acarretará? Diante do dile-

ma, seguir a moral ou a ética, o que faz o professor? A quem prejudicaria, nestas circunstâncias, a aprovação do aluno? Mas como aprová-lo descumprindo normas e abrindo um perigoso precedente? Até onde vai o limite a ser colocado, visando ao cumprimento das normas?

2) O aluno assistiu a todas as aulas (100% de presença), mas suas notas foram 8,0, 3,0 e 6,5, sendo sua média (o programa do computador é que a calcula!) 5,8. Segundo a regra (moral/justiça), o aluno está reprovado por média. Pelas regras não se pode aplicar uma outra avaliação a este aluno, pois não seria justo com os outros, que não tiveram a mesma oportunidade, uma vez que todos devem ser tratados da mesma forma, com oportunidades iguais. Como ficaria esta situação se analisada sob o ângulo da ética, com foco na virtude da generosidade? O justo é tratar todos igualmente ou tratar a cada um segundo seu contexto e suas necessidades? Seria este o fundamento do adágio popular "Cada caso é um caso?"

3) Tomemos um terceiro caso. O prazo para apresentar o pedido de segunda chamada de prova é até o quinto dia após a aplicação da prova. O aluno se apresentou no sexto dia. O professor alega que, embora lamente muito, nada pode fazer, pois o aluno perdeu o direito à segunda chamada. A regra é esta e o professor a executa. No caso, o aluno havia obtido 8,0 e 9,0 nas duas primeiras avaliações e a perda do direito de fazer a terceira prova "decretou" sua reprovação. Razão da perda do prazo: o aluno, por ofício, teve que viajar e não retornou em tempo para requerer seu direito. Qual o enfoque ético neste caso? O professor segue a norma, pratica a justiça e resolve o problema sem abrir precedente? Ou analisa a situação do ponto de vista da ética e questiona as consequências dessa negativa para o estudante, orientando sua decisão com base na virtude da generosidade, concedendo-lhe algo que, segundo a justiça, não teria direito?

Em nome da ética podem as regras ser descumpridas?

"O problema é da Lei e a ética não dá competência para o descumprimento das normas", poderia alguém afirmar, justificando a aplicação pura e simples da norma. No entanto, é preciso compreender que as normas/regras/leis são estabelecidas para harmonizar a convivência humana. Por esta razão, afirmamos anteriormente que a moral pode ser conceituada como um conjunto de regras e normas que limitam os direitos individuais em benefício da harmonia social. Isso vale tanto para as regras de trânsito, como para a obrigação de se manter a atenção e o silêncio em sala enquanto o professor está expondo ou como o desligar o celular durante uma aula ou palestra.

No entanto, não se pode, em nome da ética, simplesmente ignorar, ou mesmo transgredir, regras/leis. Por exemplo, um jovem gostaria de pegar seu carro e andar a 180km/h para sentir a sensação de poder ao controlar o carro em alta velocidade. Mas a lei é clara: a velocidade máxima permitida é de 80km/h. Assim, o direito individual do jovem é cerceado em respeito ao direito da segurança dos outros.

Como as regras visam o bem-estar de grupos sociais, os princípios da ética permitem contextualizar sua aplicação e, ao mesmo tempo, analisar criticamente as consequências de nossos atos em situação específica, perfeitamente identificada. As agravantes e as atenuantes devem ser levadas em conta em qualquer tomada de decisão. Como a ética deriva da qualidade de vida humana que se visa alcançar com a aplicação das regras, a pergunta que deve ser feita em toda tomada de decisão é do tipo: **Quais as consequências de meu ato para o bem do grupo ou do sujeito ao qual a regra é aplicada?** Se pudermos responder que elas são boas, diremos que o comportamento é ético.

Convém lembrar o que Alfredo Pena-Vega e outros (PENA-VEGA, 2003: 43) chamam de incerteza ética. "Nem sempre temos certeza sobre as consequências de nossos atos. No momento em que uma ação é realizada, a análise de suas consequências é feita com os dados de um contexto. Em longo prazo, no entanto, o contexto pode ser outro e as consequências, inicialmente julgadas benéficas, podem revelar-se maléficas." Os autores referem-se, neste caso, ao princípio da ecologia da ação, ou seja, em longo prazo, as consequências de um ato são inteiramente imprevisíveis. É a incerteza generalizada. Com intuito de ilustrar esse princípio, eles apresentam a seguinte situação:

> [...] Evidentemente, os problemas não se colocam em longo prazo quando você salva, por

exemplo, uma criança que se afoga. Mas se você salva um futuro criminoso ou um futuro Hitler, talvez em longo prazo o problema venha a ser posto. Pode ser que você não coloque esse problema a você mesmo, mas a história o colocará. Temos, portanto, este problema de incertezas (PENA-VEGA, 2003: 43).

Analisemos alguns casos que podem ilustrar os princípios aqui colocados.

A média de aprovação da escola é seis (6,0) e um aluno ficou com cinco vírgula oito (5,8). O professor, analisando o desenvolvimento de seu aluno, sua participação em aula, seu esforço para aprender, sua história de vida escolar, entende que pode atribuir-lhe média final seis (6,0), aprovando-o. Esta atitude prejudica alguém? A resposta é não. Ajuda alguém que precisa, embora não tenha alcançado os pontos que a regra manda? Possivelmente. Por que, então, não fazê-lo? Eis uma análise fundamentada nos princípios éticos.

Quando pensamos na reprovação de um aluno devemos, também, pensar nos aspectos éticos da ação. Aprovar alguém que não demonstrou desenvolver o mínimo de competências desejadas pode ser uma falta de ética. Imaginemos um estudante de Medicina que é aprovado várias vezes, mesmo sem estar preparado técnica e psicologicamente para exercer a profissão. Sua aprovação pura e simples seria desastrosa para os pacientes. Neste caso a ética não aconselha aprovar, mas sim reprovar. O mesmo raciocínio valeria para a aprovação de um estudante de Direito que não demonstre ter desenvolvido competências mínimas para o exercício da advocacia. Não seria ético aprová-lo sob as alegações de que ele é pobre, luta com dificuldades, precisa de um emprego etc. As consequências de seus atos poderiam ser desastrosas para seus clientes.

A ética exige, em muitos casos, defender a aplicação da regra, para não haver o prejuízo de outros. Imaginemos uma prova de concurso em que compareçam 100 candidatos, para disputar 10 vagas. Se o avaliador achar que pode atribuir ao aluno que alcançou o décimo segundo lugar na classificação mais cinco décimos porque ele tem dificuldades financeiras para estudar, trabalha o dia todo, tem família para sustentar e ganha pouco, e com isto este candidato passa para o oitavo lugar deslocando o do décimo para o décimo primeiro lugar e perdendo a vaga, isto não seria justo e nem ético, pois ao beneficiar um candidato prejudicou outro que tinha adquirido o direito.

A responsabilidade ética pelas consequências da ação docente

As considerações sobre a análise crítica do contexto em que as normas são aplicadas nos levam ao conceito de **responsabilidade ética** do profissional. Neste aspecto, dizemos que o cumprimento das normas e leis isenta o sujeito, de uma certa forma, da responsabilidade sobre as consequências de seus atos. Ao cumprir a norma, a responsabilidade pelos prejuízos daí advindos recairá sobre quem a normatizou.

Por outro lado, aquele que questiona criticamente as normas e suas aplicações, contextualizando-as e aplicando-as com razoabilidade, assume a responsabilidade por sua decisão e pelas consequências de seus atos. Por isto, muitas vezes pode parecer mais fácil e mais cômodo (ou menos angustiante!) seguir a norma e eximir-se da responsabilidade ética de uma decisão, quando esta precisaria afastar-se da norma ou mesmo deixar de aplicá-la. A responsabilidade ética da tomada de decisão é o que mais angustia o verdadeiro profissional da educação: aprovar ou não um aluno que alcançou a média 5,8 e não 6,0, como exige o regimento; aprovar ou não um aluno que ultrapassou o limite legal de faltas; oportunizar ou não uma prova de segunda chamada (ou de reposição) a um aluno que perdeu o prazo para requerê-la. Ter no regimento a aprovação com dependência, correndo o risco de ser tachada de escola fraca, ou simplesmente reprovar um aluno que, das dez disciplinas que cursou, foi aprovado em oito e reprovado em duas (neste caso sua média global seria oito sobre dez, maior que a exigida no regimento) são decisões que precisam ser analisadas sob o ponto de vista da ética.

Em suma, a grande questão é: Devemos seguir estritamente as regras e transferir a responsabilidade das consequências ao legislador, ou analisar com generosidade o contexto e assumir a decisão? Este é um desafio para o educador.

A tomada de decisão pelo não cumprimento, total ou parcial, de uma norma, buscando a orientação ética do contexto pode ser angustiante. No entanto, esse sentimento pode ser minimizado diante do princípio constitucional da razoabilidade, que protege o "espírito da lei", isto é, aplicando-a segundo os agravantes e atenuantes que o contexto impõe.

O contexto! É sua análise justa e generosa que permite uma responsável tomada de decisão dentro dos princípios da razoabilidade e da incerteza, ou seja, nenhuma tomada de decisão é absolutamente a melhor, mas deve ser razoavelmente a mais adequada ao contexto analisado.

Estas ideias e princípios podem ser aplicados ao dia-a-dia do professor. Como profissional competente, ele desenvolve sua **personalidade moral**, isto é, procura, por convicção, seguir regras e normas. Dizer por convicção é afirmar que ele se convence da importância e adequação das normas e as aplica por decisão própria: dizemos, nesse caso, que o professor agiu por **autonomia**. No entanto, se ele seguir normas devido à imposição externa, ou com medo de punição, ou apenas por comodidade, diremos que estará agindo por **heteronomia**. Em síntese, o professor autônomo age orientado por códigos morais, mas analisa criticamente suas decisões no agir, orientado pela ética. Ele sempre se fará a pergunta: "Quais as consequências de meus atos?"

Vejamos outras situações da vida do professor e do aluno:

1) O professor prepara as aulas com esmero e as desenvolve com competência. A consequência esperada deste seu ato: os alunos aproveitam o tempo, aprendem, se motivam; serão bons profissionais, terão sucesso na vida e poderão ser felizes. Então, preparar as aulas e ministrá-las com eficiência é agir segundo a ética do professor. Por outro lado, quais seriam as consequências do comportamento de um docente que não prepara suas aulas, pois argumenta que já conhece os conteúdos e isto lhe basta, já que, grande carga horária e não tem tempo para atualizar-se? Da mesma forma, estaria agindo eticamente o professor que elabora uma prova para "ferrar" seus alunos por causa da bagunça que eles aprontaram em aula?

2) Na mesma linha de pensamento, quais seriam as consequências do comportamento do aluno que apela para a "cola"

para ser aprovado, por não se ter apropriado de saberes apresentados pelo professor? Vejamos: ele recebe o diploma, é titulado, mas possivelmente não qualificado, agirá como profissional incompetente, prejudicando aqueles a quem presta serviços profissionais. A consequência da "cola" é ruim, por isso afirmamos que o aluno agiu contrariamente aos princípios da ética.

Em conclusão, podemos perceber que respeitar os princípios da moral sem ferir a ética não é simples. Por outro lado, o cumprimento das regras dá certa segurança ao professor, que se apoia no pensamento: "afinal de contas, é preciso estabelecer limites". Ou seja, moral e ética são termos relacionados a hábitos e costumes que estabelecem valores e princípios, os quais originam as regras da boa convivência social. Sua aplicação não é simples, se quisermos ser ao mesmo tempo justos e generosos. Ao professor competente cabe perguntar-se continuamente: "Quais as regras estabelecidas no contrato pedagógico de minhas relações profissionais com meus alunos?" Mais do que conhecer as regras é preciso aplicá-las com a orientação da ética, que procura sempre responder à questão: "Que consequências os meus atos poderão acarretar para os meus alunos?" Aqui aflora a importância da educação no contexto escolar. Ela deve ter por base a ética, ou seja, princípios e valores que justificam a moral expressa em normas e regras. Em outras palavras, julgamos que o problema da sociedade brasileira não é moral (já temos normas e regras em excesso!), mas é ético (faltam princípios e valores). Este nos parece ser o grande desafio da educação em contexto escolar: ajudar a formar cidadãos cognitivamente competentes, moral e eticamente preparados para uma vida social harmônica.

Semeando e colhendo frutos...

Após uma palestra que ministrei sobre o tema de ética e cidadania, recebi a seguinte produção do professor Marcelo Gusson:

Caro professor, após assistir sua palestra escrevi este texto, que encaminho para sua apreciação, muito obrigado pela atenção, aguardo vosso comentário.

Um abraço especial

Marcelo Gusson

Filhos da cidadania

Era uma vez uma família, como muitas outras; de um lado o Pai Chamado de Sociedade, do outro a Mãe chamada Cidadania. A "Cidadania" e o "Sociedade" resolveram que não mais determinariam normas de conduta para seus filhos e que a partir daquela data eles teriam que conviver na família em harmonia, mas sem imposições, pois a "Cidadania" e o "Sociedade" queriam ver se seus filhos estavam prontos para seguir a vida em Democracia.

A Moral, filha do meio, foi logo tomando a frente: – Todos devem se orientar por mim, pois sou eu que direciono a conduta e quem me contrariar certamente será punido. Vocês sabem muito bem que Papai (Sociedade) confia muito em mim e certamente a convivência em harmonia será conquistada nem que seja pela imposição, tenho regras claras e penalidades baseadas em leis, nada foge aos meus olhos.

A Ética, filha mais velha, ironizou a moral e disse: – Deixa de ser metida, tudo o que você faz é baseado nas minhas conquistas, sou eu que garanto a felicidade, não existe harmonia sem pensar em mim, muitas vezes as leis são colocadas de lado, e interpretadas segundo minha visão, sem contar que sua conduta, Dona Moral, é sempre muito discutida e muitas vezes não é aceita por todos; veja, antigamente era imoral usar minissaias e a mulher trabalhar fora. Graças a minha ética, somos todos iguais. Você mudou suas ignorantes leis, já no meu caso, continuou a falar a Ética, – sou sempre bem-vinda, tenho portas abertas em todos os lugares a qualquer época.

– Não me venha com essa, disse a Moral, você está ultrapassada, as pessoas só agem porque têm medo de mim e das minhas punições. Por exemplo, os motoristas respeitam a velocidade máxima permitida somente nos trechos em que colocamos radares, eles não pensam em você, eles têm medo das multas em rodovias que não têm radares o número de acidentes é 90% maior do que as que têm radares.

A Ética baixou a cabeça, por alguns minutos, com tristeza nos olhos, retomou o fôlego e disse:

– A culpa não é minha. As pessoas não me conhecem. Quem me conhece nem se preocupa com os radares, pois elas sabem dos perigos do trânsito e respeitam a velocidade em todos os trechos da rodovia. Se todos agissem sob minha orientação não teríamos acidentes. Moral, você não garante a harmonia, veja quantas crianças abandonadas, quantas pessoas vivendo na miséria, quantos pais perdendo seus filhos, quanta marginalidade e a lei de Gerson... – Tudo isso – comentou a Ética – pode não ser imoral, mas com certeza não têm nenhum pouquinho de ética.

Nisso o Bom Senso, filho caçula, pediu a palavra e disse:

– Meninas, não briguem, na verdade precisamos de vocês duas, pois não consigo imaginar uma moral que não seja baseada na ética, como não acredito em ética que desabone a moral; quando a moral está equivocada a ética entra e muda as leis, não podemos ter somente a ética porque muitas pessoas são imaturas e não conhecem a grandeza que está por trás dos seus ensinamentos. Portanto, precisamos também da moral para orientá-las no processo de amadurecimento.

Foi quando Papai Sociedade abriu um sorriso e chamou seus filhos para perto e disse:

– Tenho muito orgulho de vocês meus filhos, tenho certeza que no futuro, o Bom Senso, a Ética e a Moral construirão famílias sensacionais com muita harmonia, pois vocês são a cara da sua Mãe: a Cidadania.

Parte II

O Modelo Pedagógico VM para o desenvolvimento-de-competências

Competência não se alcança, desenvolve-se

Educar por habilidades e competências é o novo (ou o velho?) paradigma, afirmam alguns. Mas, na prática, o que isso significa para o professor em seu dia-a-dia? Muita confusão se implantou sobre o assunto. Qual a diferença entre os conceitos de habilidade e de competência? Autores, professores e documentos oficiais (MEC, Inep etc.) apresentam, com frequência, estes conceitos em linguagem excessivamente acadêmica, deixando os professores confusos e, por que não dizê-lo, um pouco descrentes do paradigma. E o que ocorre então? Rotula-se de "modismo" (no sentido pejorativo do termo) a toda tentativa de mudança paradigmática.

A falta de clareza é agravada com a exigência, pelos órgãos legais, de que as propostas pedagógicas explicitem "quais as competências e quais as habilidades" que os estudantes precisam alcançar ao término de uma série, de um ciclo ou de um curso. Esta exigência, aliada à falta de compreensão dos conceitos de competência e de habilidade, levou ao aparecimento da seguinte situação: o que, há alguns anos, era chamado de **objetivo geral** transformou-se em **competência** e o que era chamado **objetivo específico** transformou-se em **habilidade**. Esta confusão, a nosso ver, foi e continua sendo ruim para mudanças que se operam nos rumos da educação, pois aqueles que encaram toda tentativa de mudança como "modismos" reforçam seus argumentos. "Estão vendo", dizem eles, "tudo volta ao que já era".

Uma interpretação do problema

O senso comum nos dá uma boa pista para a análise que faremos do paradigma da educação para o **Desenvolvimento-**

de-competências. Estamos enfatizando a palavra desenvolvimento para mostrar que, a nosso ver, competência não se alcança, desenvolve-se.

Quando alguém procura um médico, ou um dentista, ou um advogado, ou outro profissional é normal afirmar: "Quero procurar um profissional que seja o mais competente". Isso nos dá duas pistas para a reflexão: primeiro é o desejo natural de todos de que aquele que presta um serviço ou realize uma tarefa, o faça **da melhor maneira**. O fazer da melhor maneira está associado ao conceito de **competência**; em segundo lugar, vê-se que o médico, ou o dentista, ou o advogado resolvem situações profissionais de natureza diversa e, por isso, suas competências em realizá-las não podem ser comparadas. Assim, não podemos dizer que um médico é mais competente que um advogado, pois eles realizam atividades diferentes, em função de suas profissões.

O conceito de competência que adotaremos neste texto, apoiados em estudos de Guy Lê Boterf e de Philippe Perrenoud, dentre outros, é: "*Competência é a capacidade do sujeito mobilizar recursos visando abordar e resolver situações complexas*". Tendo por base esse conceito, enfatizamos que o paradigma deve ser descrito como *educação para o desenvolvimento de competências* e não *educação para o alcance de competências*.

O **para** da sentença anterior é indicador do seguinte: sempre que falarmos em competência devemos explicitar "ser competente em que", ou "para que", o que equivale a dizer que a competência é definida em função de uma situação complexa específica. Por exemplo: de Michael Schumacker podemos dizer que é competente, ou desenvolveu competência, para dirigir carros de Fórmula I, e isto não significa que, necessariamente, seja competente para tocar violino, ou cantar ópera, ou jogar voleibol, ou para outras tantas situações complexas para as quais ele poderia ter desenvolvido competências.

Da mesma forma, podemos afirmar que Pelé desenvolveu competências **para** jogar futebol. Ele pode não ter desenvolvido competências para nadar, tocar violino, dançar tango ou dirigir carros de Fórmula I. Por esta razão, não podemos simplesmente afirmar: "O Schumacker é mais (ou menos) competente que o Pelé", uma vez que eles enfrentam situações complexas diferentes. Para poder compará-los temos que anunciar sempre a tarefa (situação complexa) para a qual eles desenvolveram competência. Assim é imprecisa a afirmação: "O Pelé é mais competente que o Schumacker". Seria verdadeira assim: "O Pelé é mais competente que o Schumacker para jogar futebol, mas menos competente que ele para dirigir carros de Fórmula I". Ambos podem não ter desenvolvido nenhuma competência para tocar piano.

Alguém poderia questionar a afirmação que fizemos acima *competência não se alcança, desenvolve-se* colocando a seguinte situação: se alguém se propõe a treinar salto em altura, colocando como meta saltar 2m; uma vez chegada a esta altura, não podemos dizer que alcançou a competência almejada? Vamos examinar a questão. Podemos estabelecer níveis de desenvolvimento de competência como metas a serem alcançadas. No caso em foco, dizemos que o atleta alcançou a **meta** estabelecida, que era o nível de desenvolvimento de competência para dois metros de altura. Mas ele poderá treinar mais e superar sua meta, aumentado o nível de competência, podendo alcançar novas metas. Atletas estão sempre procurando superar seus próprios limites, ou seja, alcançando sempre novos níveis de competência.

Listar competências a serem alcançadas? Não!

Com apoio nas analogias da Fórmula I e do futebol citadas, continuamos nossa reflexão. São muitos os pilotos que dirigem carros de Fórmula I, da mesma forma que são muitos os jogadores de futebol, e todos sabem que não existem muitos Pelés e nem muitos Schumackers. O que temos é uma situação complexa – jogar futebol – para a qual os profissionais (e não-profissionais!) procuram um desempenho cada vez melhor. É por isso que optamos pela expressão "desenvolver competências" em lugar de "alcançar competências".

Esta ideia nos leva a considerar que no foco do paradigma do desenvolvimento de competências estão as situações complexas (ou "situações-problema" ou "situações problemáticas") que devem ser abordadas e resolvidas. Edgar Morin, Guy Lê Boterf, Donald Shön e Phillipe Perrenoud, dentre outros teóricos do assunto, têm enfatizado a ideia da complexidade do mundo dos fenômenos, das relações humanas e das operações mentais. Analisá-los em seus vários aspectos, compreender as relações entre os vários objetos de conhecimento que os compõem e procurar resolver situações-problema que se apresentem é a justificativa para o paradigma do desenvolvimento de competências. Por esta razão, adotamos o conceito já explicitado de competência: *a capacidade de o sujeito mobilizar recursos para abordar e resolver situações complexas.*

O que é uma situação complexa?

A realidade em que vivemos é um mundo de relações imbricadas umas nas outras se constituindo numa teia de relações complexas. E o que é esta complexidade? Os estudos de Edgar Morin (2006) sobre a teoria do pensamento complexo nos dão a pista para a compreensão deste conceito:

> A um primeiro olhar, a complexidade é um tecido (*complexus*: o que é tecido junto) de constituintes heterogêneas inseparavelmente associadas: ela coloca o paradoxo do uno e do múltiplo. Num segundo momento, a complexidade é efetivamente o tecido de acontecimentos, ações, interações, retroações, determinações, acasos, que constituem nosso mundo fenomênico. Mas então a complexidade se apresenta com os traços inquietantes do emaranhado, do inextrincável, da desordem, da ambiguidade, da incerteza... Por isso o conhecimento necessita ordenar os fenômenos rechaçando a desordem, afastar o incerto, isto é, selecionar os elementos da ordem e da certeza, precisar, clarificar, distinguir, hierarquizar... (MORIN, 2006: 13).

Analisando as ideias acima colocadas pelo autor, podemos listar algumas características gerais de uma situação complexa:

1) Pode ser um fenômeno da natureza, um fato social, um acontecimento, um problema

que pode surgir tanto de uma inquietação do indivíduo diante do mundo e de si mesmo, como também de determinadas necessidades sociais que a vontade de alguns ou de muitos quer resolver. O problema nasce da relação entre o homem e os outros homens. Nasce fundamentalmente da práxis humana (PAVIANI, 2005: 83).

2) Supõe uma variedade de relações que precisam ser consideradas para a análise e compreensão de um problema a ser solucionado.

3) Encerra o desafio de relacionar pontos de vista muitas vezes opostos, exigindo escolhas para a solução do conflito.

4) Pode conter soluções ainda não encontradas e que fujam dos paradigmas estabelecidos.

5) Exige do sujeito que aprende um esforço de elaboração que envolve suas concepções prévias, suas habilidades, sua visão de mundo, seus valores e suas ideologias, ou seja, as soluções da situação complexa mobilizam variáveis internas (do sujeito) e externas (do contexto).

6) As relações entre os elementos da situação se apresentam em gradientes de dificuldades do ponto de vista de quem aprende, estando o grau de dificuldade relacionado com a estrutura cognitiva do sujeito.

Diante da complexidade do mundo físico e social, o que fazem as ciências e a escola? Esquecer que o mundo **não é simples**, mas **simplificado**. As ciências constroem fenômenos extraindo-os de seu meio complexo e apresentando-os de forma simplificada. A Física, com a mecânica newtoniana, nos deu um grande exemplo de simplificação. Tentou **simplificar** e **organizar** os elementos da natureza, para melhor compreender seus fenômenos. Inicialmente, imaginou o átomo como um "tijolo" básico, simples, com o qual seria construído o mundo físico; estabeleceu uma relação simples e direta entre três grandezas, a força, a massa e a aceleração (Segunda Lei de Newton). Com esse tipo de simplificações a ciência procurou entender a natureza: parece que fracassou. O átomo, imaginado simples, indivisível, mostrou-se um modelo de extrema complexidade; as verdades absolutas da mecânica clássica deram lugar às verdades relativas da teoria quântica e do caos.

A escola, seguindo o paradigma da simplificação nas ciências, separou fenômenos complexos e lhes deu o ar da simplicidade. Cada disciplina encarregou-se de cuidar de uma parte do todo (a Física dos fenômenos físicos, a Química dos químicos, a Biologia das formas de vida etc.), com a ilusão de que, uma vez compreendidas as partes, o todo seria compreendido. Mas o todo é muito maior do que a soma das partes, pois ele é composto das partes e das relações entre elas.

Uma analogia poderá facilitar a compreensão do que estamos dizendo. Imagine uma moto Harley Davidson, linda e perfeita, funcionando maravilhosamente. Decidimos desmontá-la, colocando peça por peça numa caixa, tendo o cuidado de não perder nenhum parafuso, por mínimo que seja. Ao final desta operação poderemos dizer: "as peças da moto estão todas aqui na caixa". No entanto, não poderemos afirmar "aqui na caixa está a moto", porque uma moto é o conjunto de peças e **as relações** entre elas, ou seja, elas devem estar distribuídas segundo um projeto que relaciona as peças com as funções que irão exercer. A moto, na verdade, constitui-se numa representação mental que nós fazemos de um objeto de conhecimento, conforme propõe a Epistemologia Construtivista Sociointeracionista[8].

Um exemplo de uma situação complexa é *leitura e interpretação correta de um texto*. Esta tarefa exige do sujeito uma série de recursos para executá-la. Há, com certeza, diferentes formas de realização da tarefa, se considerarmos sujeitos distintos. Alguns farão leitura rápida e interpretação precisa. Outros terão pequenas dificuldades, mas o farão de forma aceitável. Haverá quem encontrará muita dificuldade e fará uma interpretação sofrível. Tomemos outra situação complexa: escrever um texto na forma dissertativa ou narrativa ou, ainda, na forma de um artigo científico. Aqui também haverá quem resolva sem nenhuma dificuldade, com alguma dificuldade ou com muita dificuldade. Este

---

8. Para aprofundar o assunto, ver *Construtivismo*: a produção do conhecimento em aula, de nossa autoria.

exemplo de situação nos indica que a complexidade pode estar relacionada tanto à quantidade e à qualidade das relações nela presentes, como à estrutura cognitiva de quem a analisa. Vejamos outros exemplos.

1º) Um sujeito tem um câncer no intestino e precisa de uma cirurgia para a retirada da parte afetada.

Esta é uma situação complexa para o médico que deverá ter desenvolvido a competência de cirurgião para resolver o problema. Ele precisará conhecer as múltiplas relações entre os diferentes órgãos do paciente e que deverão ser levadas em conta no momento da cirurgia; precisará hipotetizar sobre o maior ou menor estado de infecção; verificar as condições físicas e psicológicas do paciente para suportar a intervenção etc. Estas relações não são simples, pois não podem ser isoladas do todo. Diremos que esta situação complexa é, para o médico, de grande complexidade. Cabe ressaltar que, para um médico que já realizou a mesma cirurgia, com sucesso, uma centena de vezes, a situação é de menor complexidade que para um médico que a realiza pela primeira vez, pois este ainda não desenvolveu a competência que o primeiro alcançou.

2º) A liberdade da mulher para interromper a gravidez de um feto que nascerá com graves limitações para a vida.

Esta é outra situação de alta complexidade, pois não se trata apenas de uma técnica de retirar um feto, mas de múltiplas relações psicológicas, sociais, religiosas, legais etc. Por esta razão, as discussões sobre aborto geram tantas opiniões contraditórias e o processo para elaboração de leis seja tão demorado.

O modelo pedagógico do desenvolvimento-de-competências

Para abordar, no contexto escolar, o problema da complexidade das relações em situações complexas, criamos um modelo pedagógico com o objetivo de auxiliar a prática docente, dentro de um conjunto de princípios fundamentados na perspectiva Epistemológica Construtivista Socriointeracionista, tendo como foco a educação para o desenvolvimento-de-competências. Como todo modelo, *é um conjunto de elementos selecionados e logicamente relacionados, que devem ser levados em conta no momento da abordagem de uma situação complexa.* Sendo modelo, terá seus limites e suas potencialidades. Os limites estão no fato de serem feitas escolhas na construção de um modelo e, como diz o ditado popular, *a toda escolha corresponde uma renúncia.* Na escolha sempre haverá uma ideologia. Mas o modelo também tem suas potencialidades, uma vez que sua elaboração é feita por escolhas de princípios e valores relacionados logicamente entre si. Nestas escolhas, o modelo tentará, de forma esquemática, representar uma realidade, para melhor compreendê-la e solucionar problemáticas a ela relacionadas. Em nosso caso, o modelo VM caracteriza-se por um conjunto de cinco recursos fundamentais que o sujeito cognoscente deve desenvolver para resolver *com competência* uma situação complexa.

Retomando o conceito "Competência é a capacidade de mobilizar recursos para abordar e resolver situações complexas", ressaltamos duas expressões-chave: **mobilizar recursos** e **situações complexas**.

Mobilizar tem sua raiz em **móbil**, que significa **argumento-força interior que impulsiona o sujeito para a ação**, ou seja, quando buscamos o móbil de uma ação, estamos querendo identificar uma forte razão, vinda do interior do sujeito, que o impulsione a agir. Em Direito, por exemplo, o móbil de um crime pode ser "sede de vingança" ou "ciúme" ou "a recompensa pelo serviço" ou "um sentimento pérfido de matar por matar". Mobilizar um sujeito ou um grupo de sujeitos para uma ação é apresentar fortes argumentos que levem a uma ação consciente e altamente motivada. Mobilizar a categoria para aderir a uma greve é uma expressão muito utilizada no meio sindical e tem como significado envolver, convencer e motivar o grupo para a ação.

A segunda palavra da expressão, **mobilizar recursos**, nos leva à análise dos recursos que devem estar disponíveis para serem mobilizados quando for necessário abordar uma situação complexa para resolvê-la. Entendemos, aqui, a palavra recurso como todo e qualquer ingrediente que se faz necessário para resolver uma situação. Os recursos podem ser de diferentes naturezas: cognitivos, psicomotores, emocionais, de linguagem etc. Assim, se uma situação complexa for resolver uma equação de primeiro grau, o recurso que mais será solicitado é o cognitivo, isto é, será preciso ter o domínio de saberes (conceitos, habilidades cognitivas e linguagens) que levem ao sucesso da solução. Mas se a situação for jogar bem uma partida de futebol, o recurso que mais será exigido do jogador é sua habilidade sinestésica (driblar, cabecear, correr, gingar o corpo etc.).

A expressão **situação complexa**, no contexto de nosso estudo, tem o sentido de uma situação-problema, ou um desafio que alguém precisa enfrentar e resolver. Por exemplo, *"Participação da família na escola como elemento estimulador para o amor ao estudo por parte das crianças, sobretudo daquelas que apresentam indicadores de exclusão social"*. Como resolver?

Com base em estudos de diferentes teóricos sobre o paradigma do desenvolvimento de competências para resolver situações complexas, elaboramos nosso modelo que chamamos VM. Nele procuramos identificar seis componentes logicamente relacionados entre si, de modo a formar uma estrutura orgânica que auxilie no momento da solução de situações complexas.

Esquematicamente, o VM está apresentado na figura que segue.

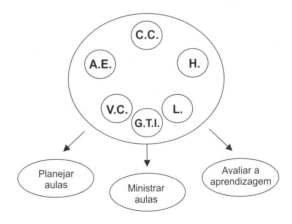

Representamos seis recursos que devem ser desenvolvidos pelo sujeito, a fim de que desenvolva competência para a solução de situações complexas. No mesmo esquema estamos apresentando as três situações complexas para as quais um professor precisa desenvolver sua competência profissional: **planejar** aulas, **ministrar** aulas e **avaliar** a aprendizagem.

Na sequência, examinaremos um por um os seis componentes[9] do modelo VM, esclarecendo seu significado, mostrando sua importância e aplicação para a **competência do professor-educador em seu dia a dia em sala de aula.**

1º recurso: conteúdos conceituais (CC)

Para resolver uma situação complexa, o primeiro passo é compreendê-la. Para esta compreensão é necessário o conhecimento de alguns conteúdos conceituais e das relações fundamentais entre eles. Examinemos, para melhor compreender este item, uma situação complexa do professor: *ministrar uma aula com competência.* É uma situação complexa para o professor? Sem dúvida! E onde reside a complexidade desta situação? Numa série de fatores que estão presentes na relação entre o professor e seus alunos durante uma aula. Examinemos os conteúdos conceituais que precisam ser compreendidos e dominados pelo professor para que seu desempenho seja considerado o de um profissional competente.

Em primeiro lugar, o professor precisa conhecer-se e conhecer seus alunos. Este conhecimento é necessário na área psicológica e social, para que os procedimentos do professor sejam coerentes com a diversidade de temperamentos, personalidades, valores sociais, formas de aprendizagem etc. Conhecer, conceitualmente, os fundamentos psicossociais que abordamos na primeira parte do livro, e relacioná-los aos conceitos de indivíduo, sujeito, pessoa e cidadão, parece-nos condição essencial para que o desempenho do professor seja considerado competente. Esse conhecimento conceitual facilitará ao professor a compreensão dos fundamentos didático-pedagógicos, pois compreenderá as melhores formas de ensinar para oportunizar a melhor forma de aprender.

Não basta conhecer os conceitos relacionados ao psicossocial do aluno. É preciso compreender conceitos relacionados à construção do conhecimento, uma vez que este processo é um

---

9. Pilares/recursos/ingredientes/componentes: usaremos estes termos, neste texto, com o mesmo significado.

dos focos da relação professor-aluno. Neste aspecto, é fundamental ao professor ter conceitos claros sobre epistemologia, ou seja, sobre a natureza do conhecimento racional e os processos de apropriação que o sujeito realiza na elaboração de seus conhecimentos. O professor, dominando os conteúdos conceituais relacionados às palavras **dado**, **informação**, **conhecimento** e **saberes**, e conhecendo as diferentes epistemologias à sua escolha, fará uma opção consciente de sua postura no processo de ensino. Se ele optar conscientemente por uma epistemologia positivista, ou por uma construtivista, ou outra que conhecer conceitualmente, terá, possivelmente, oportunidade de um melhor desempenho como profissional da educação.

Nesta abordagem epistemológica, o professor competente precisa compreender outros conceitos, relacionados às relações entre professor e aluno como: ensinar, aprender, avaliar a aprendizagem. A cada opção epistemológica diferente, o professor terá um conceito diferente para estas palavras e, consequentemente, procedimentos diferentes nas relações em sala de aula.

Não podemos esquecer que, na situação complexa de ministrar aulas, há ainda dois conceitos fundamentais para a relação entre alunos e professores: **ética** e **moral**. Sendo os alunos sujeitos únicos, inseridos em sociedades com valores éticos e morais muito diferentes, o professor precisa dominar estes conceitos para que sua ação pedagógica seja coerente com suas convicções epistemológicas e culturais.

Façamos uma síntese deste primeiro componente – conteúdos conceituais –, aplicando seus fundamentos à situação complexa de ensinar. Quais e quantos conteúdos conceituais são exigidos para que o professor seja considerado competente? Pensava-se, em certos tempos, que, para ser considerado um bom professor, professor competente, bastaria ter um sólido conhecimento científico dos conteúdos relativos às disciplinas que iria lecionar. Houve tempo em que, na falta de professores licenciados em Física e Matemática, estas disciplinas eram lecionadas por engenheiros. Qual era o argumento: *"quem conhece o conteúdo, pode dar aula"*. Assim, ainda hoje, se um juiz é considerado competente como juiz, muitas vezes é convidado para ministrar aulas num curso de Direito. Deve-se pensar, no entanto, que no curso de Direito ele não será juiz, e nem a situação complexa será a de fazer julgamentos dentro da Lei. No curso de Direito ele será um **professor** de Direito, tendo, por isto, que desenvolver a competência de professor e não apenas de juiz (são competências distintas, ainda que complementares). Há certamente, um ponto altamente positivo: sendo um juiz competente, ele possivelmente terá muita experiência, muitos conhecimentos oriundos de sua prática, terá resolvido muitas situações complexas que exigissem dele a reflexão-na-ação e a construção de conhecimentos práticos. Tudo isto é positivo. Tudo isto constitui a base do que chamamos o primeiro componente do modelo VM: os **conteúdos conceituais** relativos à situação complexa de ensinar. O mesmo raciocínio que fizemos para o caso de um juiz de Direito podemos fazer para um administrador, para um economista, para um advogado, para um engenheiro, para um psicólogo que desejam ser professores. Poderão ser professores competentes, pois eles têm um elemento fundamental: compreendem conteúdos. É a condição necessária, mas não suficiente.

2º recurso: desenvolvimento de habilidades (H)

Ao termo habilidade podemos associar vários conceitos. No senso comum, habilidade é a capacidade que alguém desenvolveu para fazer alguma atividade específica. Por exemplo, certa pessoa desenvolveu a habilidade de jogar futebol, outra de cozinhar, outra de resolver problemas de matemática, outra de pintar, outra de tocar piano etc. Em outras palavras, *habilidade geralmente está associada à capacidade do sujeito de bem realizar uma ação.*

Ainda no senso comum, é frequente pensar-se que as habilidades são inatas, ou seja, imaginar-se que *o sujeito nasceu com o dom para a coisa.* Nosso foco é trabalhar com o conceito de habilidade relacionando-o ao *saber fazer,* não inato, mas desenvolvido. Para ser bom nadador, bom jogador de vôlei, bom atleta, bom matemático etc. é preciso muito treinamento, muito exercício. Ter habilidade é condição necessária para ser competente, mas não suficiente. Há um saber fazer meramente repetitivo, mecânico, que pode dar a impressão de competência. No foco de nosso modelo, a habilidade desenvolvida para resolver situações complexas é um recurso importante, fundamental mesmo, mas não suficiente.

Para melhor compreender o conceito de habilidade, façamos um rápido estudo de duas metáforas relacionadas à construção de habilidades para resolver situações complexas: a metáfora da *transferência* e a metáfora da *mobilização* de conhecimentos.

A metáfora da transferência de recursos para resolver situações complexas propõe que o conhecimento é construído num contexto (de gênese) e é transferido para outro contexto (de uso). Para isso o sujeito precisa reconhecer no segundo contexto as semelhanças/identidades com relação ao primeiro e aplicar na solução da situação complexa.

Por exemplo: alguém ensina ao aluno como resolver uma equação do tipo $2x - 4 = 12$ para que, quando precisar solucionar a equação $8x - 20 = 44$, o sujeito saiba reconhecer as "semelhanças" e aplique a mesma metodologia de solução. Há, contudo, um perigo. Se o sujeito tiver que resolver a equação $x/2 + 4 = 20$ poderá não reconhecer facilmente as semelhanças e será preciso aprender novo modelo de solução (quando há frações!), para que, ao encontrar a equação $3/4.x + 2 = 12$, ele saiba como resolver.

A ideia central na metáfora da transferência de conhecimento é a seguinte: aprende-se um modelo A para resolver um modelo B, após reconhecer em B um conjunto de "igualdades" do modelo A. Esquematicamente poderíamos representar a situação da seguinte forma:

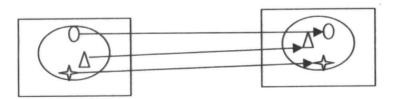

Contexto de gênese   *Contexto de uso*

Concluindo: uma vez descobertas as "igualdades", aplica-se no contexto de *uso* os procedimentos aprendidos no contexto de *gênese*.

81

O raciocínio que fizemos para a solução de equações matemáticas pode ser aplicado para alguém que estuda português: o sujeito, analisando determinado texto, encontra a frase: *No porto, um navio brasileiro entrava um navio italiano.* A princípio poderá ter dúvidas sobre o sentido da frase, pois no contexto de gênese a palavra entrava, **do verbo entrar**, não cabe neste contexto. Precisará fazer uma outra interpretação, buscando outro sentido para a mesma palavra: entrava **do verbo entravar**, bloquear. Com este novo sentido poderá compreender a frase. Assim, dizemos que não bastou encontrar as igualdades nas palavras, mas procurar contextos diferentes de aplicação.

A **metáfora da mobilização** de recursos (conhecimentos, habilidades, linguagens, vivências etc.) tem outro foco. O sujeito deverá construir uma estrutura cognitiva na qual ficam disponíveis recursos que possam ser utilizados no momento em que haja necessidade de resolver situações complexas. Neste caso, o caminho para a solução muda de sentido, ou seja, em lugar de analisar uma nova situação em busca das semelhanças com as situações anteriormente aprendidas, o foco está na análise das características da nova situação. Uma vez compreendida, o sujeito verifica quais os recursos exigidos e então, sim, *mobiliza-os* para a solução. Para isso, no entanto, esses recursos deverão ter sido desenvolvidos anteriormente, ficando disponíveis para serem mobilizados no momento oportuno.

Podemos pensar em dois conjuntos de recursos: o primeiro conjunto é constituído pelos recursos que caracterizam a capacidade do sujeito em compreender a situação complexa, analisá-la e definir estratégias para a solução; o segundo é constituído pelos recursos construídos ao longo da formação do sujeito (tanto acadêmica/formal como doxológica/informal) e que poderão ser mobilizados na solução de uma **nova** situação.

Ainda com relação à metáfora da mobilização podemos ressaltar:

1) A metáfora da mobilização de recursos parece mais profícua, uma vez que prepara o sujeito para resolver *situações novas*, ainda não resolvidas. E é isso que a realidade traz constantemente: nenhuma situação é exatamente igual a outra, exigindo, por isso, a capacidade criativa do sujeito.

2) A metáfora da mobilização nos permite pensar num conceito desenvolvido por Perrenoud: o distanciamento entre a tarefa **prescrita** e a tarefa **real**. É necessário prescrever situações a serem resolvidas/atividades a serem realizadas. Mas é preciso pensar que haverá sempre uma distância entre o que foi prescrito e a realidade encontrada na ação. É por esta razão que o sujeito deverá desenvolver competências, ou seja, ter recursos que o ajudem a utilizar a *criatividade* na abordagem para solução de cada nova situação. Espera-se que as orientações sejam seguidas em parte, pois cada situação nova, real, terá algumas nuanças a serem respeitadas. Em outras palavras, *ser competente para resolver uma situação complexa é ser capaz de dar soluções criativas para situações aparentemente idênticas.*

3) A metáfora da mobilização sugere uma formação continuada, na qual o sujeito construa um repertório de recursos cada vez mais amplo e mais diversificado para capacitar-se na solução de situações novas que surjam na vida profissional.

4) Na perspectiva do paradigma da competência, a capacitação do sujeito deixa de ser a sua preparação para aplicação de *modelos* pré-construídos, nos quais as situações novas devam se encaixar perfeitamente, e passa a ser uma preparação do sujeito para análise de uma nova situação e busca dos recursos para a melhor solução. Ter esses recursos disponíveis para a mobilização e realizá-la no momento oportuno é o conceito fundamental da competência. Por isso mesmo que a proposta que fazemos tem por base um *modelo de educação para o **desenvolvimento-de-competências**, ou seja, de capacidades do sujeito de mobilizar recursos para resolver situações complexas.*

Ainda abordando o segundo recurso do desenvolvimento-de-competências – as habilidades para resolver situações complexas –, podemos pensar em quatro habilidades fundamentais: **interpretar, planejar, executar e criticar**. Estas habilidades gerais devem estar presentes para resolver qualquer situação complexa. Nelas podemos identificar o que poderíamos chamar de habilidades específicas (Ver anexo 1).

O primeiro passo para abordar uma situação-problema é *compreendê-la.* Para isto é preciso desenvolver a habilidade de interpretar linguagens, identificar variáveis centrais e periféricas e interrelacionar objetos de conhecimento de várias áreas presentes na situação em foco. Em outras palavras, é preciso diagnosticar os elementos relevantes da situação que se apresenta.

Uma vez compreendida a situação, entra a segunda habilidade do sujeito para *resolvê-la*: o planejamento do processo de solução. O planejar abrange a escolha de métodos, a organização de estratégias, a seleção de recursos dentro das estratégias, a formulação de hipóteses e a previsão de possíveis resultados. Um bom planejamento é, sem dúvida, um grande passo para o sucesso na solução.

A terceira habilidade do sujeito é a de *executar* o planejamento elaborado. No processo de execução do planejamento, o sujeito deverá desenvolver a habilidade de aplicar os melhores métodos para análise e solução de problemas, formular argumentos consistentes no correr do processo de solução e fazer inferências (indutivas, dedutivas e analógicas). A habilidade de executar um planejamento precisa ser desenvolvida, pois a cada passo da execução poderão aparecer *zonas indeterminadas da prática*, como chamou Shön (2000), ou seja, a **incerteza**, a **singularidade** e os **conflitos de valores**. Decidir, neste contexto exige reflexão-na-ação e conhecimento-construído-na-ação.

A quarta habilidade a ser desenvolvida na solução da situação complexa é a de *criticar a solução encontrada*. Na crítica, comparam-se as hipóteses estabelecidas no planejamento da busca de solução, com as adequações feitas no correr do processo de execução, bem como com outras soluções possíveis, julgando a pertinência das opções técnicas, sociais, éticas e políticas feitas no processo da solução da situação problemática.

Voltemos nosso estudo para a situação complexa, para o professor, de ministrar uma aula. Vimos no primeiro recurso – conteúdos conceituais – que o professor, para ser competente, precisa compreender conteúdos conceituais. Agora, voltemos nossa atenção sobre as *habilidades* que o professor precisa desenvolver para dar aulas dentro do paradigma da educação para o desenvolvimento de competências.

Seguindo as quatro habilidades fundamentais vistas anteriormente – interpretar, planejar, executar e criticar –, dizemos que um professor precisa inicialmente *compreender* a complexidade do "dar uma aula", no contexto de alunos pertinentes a um grupo social singular, com o desenvolvimento psicológico específico (crianças, adolescentes, jovens, adultos), em condições especiais (escola pública, particular, de periferia, de zona rural etc.). Que características psicossociais e cognitivas têm os alunos a quem o professor irá ensinar? "Isso tudo é muito complexo", poderá alguém pensar. "Já tenho meu planejamento preparado há vários anos e não vou atrás deste "psicologismo", destes "modismos". Como poderá alguém ser um professor competente se não desenvolveu a habilidade de identificar as informações centrais e as periféricas relativas à situação complexa de ensinar?

Uma vez compreendida a situação, cabe ao professor competente *planejar* suas ações: como ministrar a aula de uma disciplina específica, com alunos singulares, num contexto socioeconômico especial. Ao professor cabe escolher estratégias coerentes com os elementos identificados na etapa da compreensão do problema. Um professor experiente sabe que pode dar o mesmo conteúdo de Matemática para três turmas de 6ª série e obter resultados completamente diferentes. Numa turma poderá ser um sucesso, em outra o fracasso. Por esta razão estamos insistindo que o professor deve desenvolver a habilidade de planejar as ações pedagógicas dentro do modelo da reflexão-na-ação, ou seja, a cada nova turma, os planejamentos precisam ser adequados no correr do processo de execução.

A terceira habilidade do professor competente para ensinar é a de executar seu plano de ensino. Voltamos ao conceito básico do desenvolvimento de competência: a cada nova ação refletida, o professor constrói novos recursos que ficarão disponíveis para solucionar novas situações complexas. É dentro deste contexto que se fala em "profissional experiente" como sendo aquele que, aprendendo constantemente com cada nova situação, torna-se competente na medida em que realmente aprende ao fazer, e não apenas executa a ação sem refletir no que e como a realizou. Há professores que alegam que não precisam mais de planejamentos, pois têm dezenas de anos de magistério, portanto, têm uma enorme experiência como professor, o que os autoriza a dispensar o planejamento. Lembraria a estes a expressão utilizada por meu professor J. Desautels, da Universidade Laval, quando fui apresentado a ele por outros estudantes de pós-graduação, como sendo eu um professor de vinte e sete anos de experiência: "Depende", disse ele, "se você deu aula no primeiro ano de uma forma e nos outros vinte e seis anos repetiu o que fez no início, você tem um ano de experiência e não vinte e sete".

Finalmente, a quarta habilidade que o professor precisa desenvolver na solução da situação complexa de ministrar uma aula é a capacidade de *analisar criticamente* os resultados da execução de seu planejamento. Criticar com humildade e sabedoria. Comparar as situações planejadas e o resultado. O que foi bem e o que não foi. Esta capacidade de autocrítica faz com que o professor tenha cada vez mais habilidade no ensinar, e, portanto, se torne mais e mais competente.

3º recurso: linguagens (L)

Cada situação complexa exige uma linguagem própria, adequada aos conteúdos conceituais a ela relacionados. A linguagem de um mecânico de automóveis certamente não será a mesma de um vendedor de automóveis, embora ambos falem sobre o mesmo objeto: o automóvel. Podemos pensar na linguagem dos médicos, dos advogados, dos profissionais de informática e verificar como as mesmas palavras podem ter sentidos diferentes em contextos diferentes.

No caso do professor, o item *linguagem* é muito importante na sua relação com os alunos, uma vez que a maior parte da interação se dá via linguagem oral ou escrita, tanto durante as aulas como nas provas. Conta-se, por exemplo, que uma professora de História perguntou ao Luisinho: "E então, Luisinho, o que fez Dom Pedro I?" E o menino, muito esperto, logo respondeu: "Eu não conheci esse senhor, mas tenho certeza que ele almoçou, jantou, dormiu, foi ao banheiro, escovou os dentes... basta isto, professora?" Com certeza não era isto que a professora queria como resposta, mas sua linguagem na pergunta a permitiu como resposta. Em outra oportunidade, numa prova de Filosofia da Educação, a professora pôs a seguinte questão: "Comente a frase de Sócrates, 'conhece-te a ti mesmo'". Com esta linguagem no comando, afirmando que devia comentar, sem ter dado os parâmetros para o comentário, a aluna respondeu: "*Acho uma frase mui-*

to profunda, tão profunda que nem consigo captar seu real significado. Mas acho que Sócrates estava certo quando disse a frase, pois sendo um sábio não teria dito besteira. Assim, mesmo que eu nada entenda do que ele disse, tenho certeza que a frase tem um grande significado em todos os sentidos em que for analisada". Vemos novamente que houve uma questão de linguagem no comando da questão. No item linguagem, na situação complexa de avaliar a aprendizagem do aluno, a professora não mostrou competência.

Outro item importante com relação à linguagem, que deve ser bem compreendido pelos professores, sobretudo na Educação Infantil, é o seu papel na estruturação do pensamento da criança. Segundo Vygotsky, é pela linguagem que se estrutura o pensamento. Assim, ao estudar as crianças, precisamos lembrar que há um período inicial de sua vida (mais ou menos até 6 ou 7 anos) em que a criança fala consigo ou com o outro, mas sempre **para** si mesma. Ela fala sozinha, ou com bonecos, ou com objetos que ela imagina personagens, que servem de elementos excitantes para sua construção de representações sociais. Por exemplo, observamos, no Canadá, crianças brasileiras que não falavam francês e crianças canadenses que não falavam português, brincando e rindo como se estivessem se entendendo. Na verdade, cada uma delas falava **com** a outra, mas **para** si mesma.

Essa fase do egocentrismo é marcada, do ponto de vista da linguagem, pela "verborreia" das crianças: elas falam muito mais do que os adultos, falam o tempo todo, interrompem os adultos que estão falando, mas falam para si mesmas e não para um interlocutor. É a fase do solilóquio (linguagem egocêntrica): ela fala para estruturar o pensamento e não para comunicar o pensamento estruturado. Essa fase virá depois no período do colóquio (a linguagem socializada), quando ela passa a falar **com** e **para** um interlocutor, desenvolvendo assim a capacidade de escutar e dialogar. Muitas vezes temos a impressão de que pessoas adultas não saíram da fase do solilóquio, pois não sabem escutar os argumentos do outro, num processo de discussão de determinado assunto. Enquanto o "outro" está falando, o sujeito está pensando em seus próprios argumentos.

Neste terceiro recurso – linguagem – vamos partir de um princípio que nos parece fundamental: "**Nenhuma palavra tem**

sentido em si mesma, quem lhe dá o sentido é o contexto em que é utilizada". No contexto das relações entre professor e aluno em sala de aula, esse princípio deve levar em conta duas ideias importantes. A primeira é que os alunos não chegam em aula como *tabula rasa*. Eles desenvolveram uma linguagem do senso comum – a *doxologia* – em suas famílias, com seus colegas, em seu ambiente de trabalho. Na escola, é possível que tenham que utilizar as mesmas palavras com sentidos bem diferentes, numa linguagem científica – a *epistemologia*. Em certa oportunidade alguém me perguntou: "Quanto você pesa?" Eu respondi: "940 Newtons". A pessoa olhou espantada, com olhos arregalados, e perguntou novamente: "*Quanto você pesa?*", acentuando o "pesa", pensando que eu não havia entendido. "*Eu já lhe disse que peso 940 Newtons, mas estou vendo que você não entendeu. Penso que você quer saber minha massa e não meu peso. Pois eu masso 94 quilogramas*". Massa e peso, dois conceitos profundamente distintos para mim, professor de Física. Para meu interlocutor, que usa a linguagem da doxologia, não há grande distinção entre peso e massa. Ele, certamente, fala como todo mundo: "Fui na farmácia me pesar. Subi na balança e ela marcou 56 quilos".

Vemos, com isso, que uma das funções da linguagem é ligar contextos. Assim, quando um professor fala em aula, suas palavras foram emitidas com o sentido do contexto do emissor, no caso o professor, que construiu objetos de conhecimento, ainda não aprendidos pelos alunos. Quando o aluno recebe a mensagem do professor, ele a interpreta no contexto de receptor, que possivelmente não seja o mesmo do professor. E quando o professor pergunta, de forma genérica, "*vocês entenderam?*", geralmente os alunos respondem "*entendemos...*" E o professor continua sua aula. Quando da realização das provas, muitos alunos se saem mal e culpam os professores afirmando: "*Professor, você ensina de um jeito em aula e na prova pergunta de outro*". Geralmente as palavras são as mesmas, mas os sentidos são dados por contextos diferentes. E então? Como age o professor que desenvolveu competência no ensinar? Utilizando-se da dialética.

A dialética, presente nas relações entre o professor e o aluno, no processo da construção do conhecimento, pode ser sintetizada como um debate entre a linguagem do senso comum, a doxologia e a linguagem científica/escolar, a epistemologia. Como a linguagem tem seu sentido no contexto, a do professor é a própria expressão de sua visão epistemológica, consciente ou inconsciente. Por isso, costumamos afirmar que **a aula é o reflexo da epistemologia do professor**. Aprofundemos um pouco a relação entre epistemologia e linguagem.

A construção do conhecimento na visão epistemológica construtivista sociointeracionista tem por base a linguagem e seu apoio metodológico na **dialética**. Representamos a dialética na relação entre professor e aluno pelo esquema abaixo:

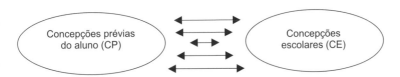

Neste esquema, colocamos esquematicamente CP como concepções prévias do **sujeito a quem se quer ensinar algo**. Estas concepções são compostas de representações construídas no senso comum de sua vivência, num determinado contexto social (o aluno não é uma *tabula rasa*, mas se apresenta como uma estrutura cognitiva com conceitos, valores, habilidades etc. já construídas), ou mesmo de concepções já construídas em anos anteriores de estudo. No mesmo esquema, colocamos CE como as concepções escolares ou objetos de conhecimento que a escola pretende que o aluno aprenda. Muitas vezes, há uma contradição entre o que o sujeito aprende no senso comum e o que a escola quer ensinar. No processo do ensino, é preciso que se use a dialética, ou seja, a argumentação e a contra-argumentação para que o aluno reconstrua (ressignifique) conceitos já aprendidos. Este processo ocorre com a mediação do professor por meio da linguagem.

Devemos ressaltar que essa interação dependerá sempre do contexto do sujeito que aprende. Este contexto é único, uma vez que o conhecimento é uma construção individual, mediada pelo social. Por isto cada interação entre professor e aluno será única também. O que levou Shön a afirmar que cada interação é uma situação de *incerteza, singularidade* e *conflito de valores*. **Incerteza** para o professor, pois não saberá se na interação sua mensagem foi compreendida pelo receptor (contexto do aluno) com o mesmo sentido do emissor; **singularidade** no sentido de cada estrutura cognitiva dos diferentes sujeitos ser única (são sujeitos e não apenas indivíduos), mas o educador aplica o mesmo modelo de prática pedagógica a seus 20, 30 ou mais alunos em aula; **conflito de valores**, pois a incerteza e a singularidade podem levar o docente ao conflito: seguir um planejamento preestabelecido no ensinar, ou flexibilizá-lo perante novos contextos (é o que Shön chama de modelos pedagógicos de reflexão-na-ação).

Neste contexto de relações pedagógicas, o conhecimento não está nem no sujeito nem no objeto, mas na interação entre os dois. Por vezes ouvimos pessoas afirmarem que a transformação do processo educativo se deu com a mudança de foco: do professor (visão tradicional) para o aluno (visão moderna). Esta não é, a nosso ver, a concepção correta. A educação não deve estar nem focada no aluno e nem no professor, mas na dinâmica das relações entre alunos, professores e saberes socialmente construídos, objetivados, institucionalizados e legitimados. O que importa no processo são as relações, pois nelas se manifestam valores e conhecimentos que expressam projetos individuais e sociais. Nesta relação, professor e aluno ensinam e aprendem num processo de interação e juntos modificam e constroem saberes sociais. Em suma, o foco não deve estar nos *produtos* da educação, mas nos *processos* educacionais, sem, contudo, perder de vista os produtos. Por isso dizemos que, à medida que o sujeito interage com o mundo dos objetos de conhecimento, ele se modifica e modifica os objetos, ou seja, *nunca haverá uma construção completa, acabada*, mas uma eterna ressignificação dos objetos de conhecimento.

Neste movimento de construção do conhecimento com contínuas ressignificações, seguimos o pensamento de Piaget quando afirma que o desenvolvimento do ser ocorre de duas formas: *por centração e por descentração*.

Centração: ação centrada no objeto; é a operação com o concreto.

Ex.: Duas bananas mais três laranjas formam um conjunto de... frutas. Dois cavalos mais três vacas formam um conjunto de... animais.

Descentração: uma operação abstrata do pensamento.

Ex.: 2 + 3 = 5. (O que isso pode representar? De que objeto se está falando? De frutas, animais, pessoas?)

Essa ideia é fundamental para os processos de ensino e de aprendizagem, pois cabe ao professor ajudar seus alunos nesta construção de estruturas generalizantes. Esse trabalho se resume em ir do particular para o geral, do concreto para o abstrato. A tabuada é um exemplo disso. Ela precisa ser ensinada a partir da ideia da centração para a descentração e não simples "decoreba" sem ter o concreto na base.

Outro exemplo para o estudo da construção do conhecimento no processo de centração para descentração é o conceito de conjunto vazio. Aparentemente, falar em conjunto vazio pareceria um absurdo, uma vez que conjunto, na visão do senso comum, seria a reunião de alguns elementos. Na lógica popular, não tendo nenhum elemento não haveria mais o conjunto. Vejamos como podemos melhor entender esta ideia.

Pensemos na representação abaixo. Temos um grupo de elementos com uma característica comum: *serem figuras geométricas*.

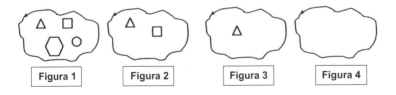

| Figura 1 | Figura 2 | Figura 3 | Figura 4 |

Esse grupo de elementos com a característica comum de serem figuras geométricas constitui um **conjunto de elementos**. O **elemento** é concreto (triângulo, retângulo, quadrado etc.). Há um componente abstrato, o **conceito de conjunto**, ligado ao fato de constituir o grupo. No esquema, representamos essa ideia de grupo por uma linha irregular. Ela não existe no concreto, mas é apenas uma representação simbólica da ideia de conjunto. À medida que formos retirando elementos do conjunto, permanecerá a mesma ideia abstrata de ser um conjunto, apenas com um número diferente de elementos. Na figura 3, temos o conjunto com apenas um elemento, por isso ele é chamado conjunto unitário (poderia parecer um paradoxo, pois, para o senso comum, conjunto é a reunião de mais de um elemento). Na figura 4, foram retirados do conjunto todos os elementos, o que nos levou a chamar este conjunto de vazio. Vemos que o conceito abstrato de conjunto se manteve, pois, na verdade, ele é apenas uma **representação conceitual**.

A mesma reflexão podemos fazer com relação ao estudo do significado das palavras. Como já colocamos acima o princípio: as palavras não têm sentido em si mesmas e quem lhes dá o sentido é o contexto em que são analisadas. Assim, por exemplo, a palavra *entrava* é um símbolo genérico (descentração) que terá seu sentido concreto em cada situação em que for utilizada. A frase "*No porto, um navio brasileiro entrava um navio italiano*" poderia parecer sem sentido, no entanto, se considerarmos o "entrava" do verbo entravar e não do verbo entrar, a frase passa a ter sentido.

Em síntese, acabamos de mostrar o quanto a linguagem é recurso importante no processo da construção do conhecimento e, por isso mesmo, em duas situações complexas do professor: ministrar aulas e avaliar a aprendizagem. Em ambas, a linguagem é o vetor de valores culturais, ideologias e concepções epistemológicas. Dominar as diferentes linguagens e utilizar a dialética como método interativo é um forte recurso para um professor competente.

4º recurso: valores culturais (VC)

Toda situação complexa tem sentido quando contextualizada. O contexto normalmente está relacionado aos valores culturais. Nos valores culturais estão a ética, a moral, o projeto de sociedade, as representações, a linguagem entre outros. A educação de forma geral e a educação em contexto escolar em especial buscam ajudar a formar os cidadãos, respeitando a história do grupo social no qual o sujeito está inserido e construindo, também, a própria história individual do sujeito, com os valores de seu grupo familiar e social.

Voltemos a examinar o professor competente na situação complexa de ensinar, considerando o recurso dos valores culturais. O primeiro aspecto é a consciência do professor de que ele é a expressão de valores sociais de seu meio. Sua formação familiar, social, cultural e acadêmica proporcionou a construção de sua identidade; sua atuação pedagógica será, certamente, a expressão dessa formação. O segundo aspecto é a consciência do professor de que seus alunos chegam à escola com uma carga de valores advindos de suas vivências e de suas experiências pessoais. A partir desses valores, a atividade pedagógica deverá ser planejada para reforçar uns, modificar outros e construir novos valores, tendo em vista a formação para a vivência plena da cidadania.

E quais são os principais valores sociais associados à situação complexa do professor de ensinar? Um deles é a visão de que a tradição está associada à relação entre o professor e o aluno: *o professor é um transmissor de verdades construídas, sistematizadas, socializadas e legitimadas; o aluno é um copiador, repetidor destas verdades.* Este foco na relação entre professor e aluno tem sido enfatizado pela visão epistemológica positivista e pela metodologia pedagógica inspirada no comportamentalismo, com os professores que seguem a sequência "noção – exemplo – exercício" ou "siga o exemplo" ou "responda os questionários" ou "para fixar faça os exercícios de 1 a 20" ou outras formas de ensinar dentro da mesma metodologia do fazer mais do que do compreender.

Alunos, por seu lado, também com base na visão cultural da relação entre *quem sabe fala e quem não sabe escuta e copia para reproduzir,* julgam natural o que ocorre na escola. Assim, não causa espanto ao estudante quando o professor coloca em prova questões como: "Cite todas as capitanias hereditárias e seus respectivos donatários" ou "Qual a área da superfície da Terra" ou "Cite todos os afluentes da margem direita e da margem esquerda do Rio Amazonas", ou outras tantas da mesma natureza. E quando o aluno tem alguma dúvida na hora da prova, é mais uma vez normal, para ele, levantar a mão e perguntar: "O que o senhor quer com a questão quatro?" A pergunta não é "O que diz a questão quatro?", mas "O que o senhor quer". Nessa linguagem podemos perceber o valor cultural a ser considerado pelo professor na sua atividade pedagógica, ou seja, o professor quer que os alunos reproduzam as verdades na forma como foram transmitidas.

"Quem não cola não sai da escola" é a expressão clara de outro valor cultural presente no dia-a-dia do professor em sala de aula. Como abordar o problema? Estabelecer maior rigidez nas normas, aumentar a vigilância, aplicar punições mais fortes? Ou encontrar outras formas de avaliar que minimizem o sentimento de que colar seja natural? Uma alternativa possível é utilizar provas com consulta ou em grupos. Para isso, no entanto, exige-se do professor maior competência na elaboração dos instrumentos de avaliação da aprendizagem: as questões propostas precisam ser contextualizadas e, ao mesmo tempo, proporcionando ao estudante a oportunidade de desenvolver sua própria competência para resolver situações complexas. Por isto voltamos a insistir na ideia de que o comportamento ético do professor (propondo princípios e valores) perante a cultura escolar "quem não cola não sai da escola" é mais eficaz para a formação do cidadão do que o comportamento apenas moral, da punição, para quem apela para a fraude.

Mas não é só no aspecto acadêmico que há valores culturais a serem considerados pelo professor em sua atuação em aula. Há ainda o aspecto de relacionamento de autoridade. O professor representa uma autoridade e há fases em que a rebeldia cria conflitos de autoridade em sala de aula. A problemática da indisciplina em aula é notória, da mesma forma o é a cobrança que se faz dos professores para conduzir sua turma com pulso firme, sem, contudo, lhes dar condições para isso. E o estresse do professor aparece. E ele precisa desenvolver a competência para resolver mais essa situação, adquirindo recursos ligados aos valores culturais da relação entre professor e aluno. Esta situação de conflito de valores que gera a tensão das relações entre alunos e professores nos leva ao quinto pilar.

5º recurso: administração do emocional (AE)

São comuns as expressões "O sujeito perdeu a cabeça e por isso perdeu o jogo", "O jogador vestiu a camisa da seleção e amarelou", "Fulano estava bem preparado, mas na hora H tremeu nas bases e fracassou", "As meninas do vôlei perderam o jogo porque não conseguiram controlar os nervos". São expressões que têm um elemento recorrente: a solução de uma situação complexa falhou porque não houve o controle emocional do sujeito.

O controle emocional – 5º recurso: foi escolhido como um dos pilares da competência profissional por acreditarmos que, quando ele falha, a competência do sujeito na solução da problemática fica comprometida.

No contexto escolar é comum ouvir alunos, lamentando-se do fracasso em provas, afirmarem: "Mas professor, eu sei toda a matéria (CC), fiz todos os exercícios do livro (H), domino a linguagem deste assunto (L), respeito os valores culturais e sei relacioná-los ao assunto estudado (VC), só que na hora da prova fiquei nervoso e deu branco(AE)". O resultado final foi comprometido em função do descontrole emocional do aluno.

Voltemos novamente nosso olhar para o professor que desenvolve sua competência no ensinar. Em que o recurso da **administração do emocional** pode contribuir para seu bom desempenho? Em primeiro lugar, devemos pensar que um professor é um ser normal, que tem potencialidades, conhecimentos e formação acadêmica, mas que tem também problemas familiares, econômicos, financeiros, afetivos e de saúde como qualquer ser humano. Esses problemas certamente influirão no seu desempenho profissional, estressando-o, tornando-o irritadiço e depressivo.

Não são poucos os professores que precisam afastar-se das salas de aula por pressão psicológica. Nesta hora, seus conhecimentos sobre a disciplina, suas habilidades de ensinar, a linguagem clara e precisa que desenvolveu para se comunicar ficam comprometidos pelos problemas emocionais. Como resolver?

Voltemos ao nosso modelo pedagógico VM. Ao professor cabe desenvolver sua competência no ensinar, procurando trabalhar seu controle emocional. Conhecer-se, conhecer seu temperamento e sua personalidade é um passo importante para trabalhar sua capacidade de administrar o emocional.

95

É do conhecimento de todos que a indisciplina em sala de aula é um dos maiores fatores do estresse do professor, pois atinge diretamente seu emocional. Não é incomum o professor perder o controle e colocar alunos para fora de sala, algumas vezes de forma educada e outras de forma mais ríspida. Claro, nenhum professor é Super-Homem, sendo capaz de superar-se sempre. O que podemos dizer, neste caso, é que, para ser competente na solução da situação complexa de ensinar, o professor deve melhorar continuamente sua capacidade de administrar seu emocional e o de seus alunos.

Na busca pelo controle da disciplina em aula, alguns professores apelam para "provas relâmpago", "subtração de pontos", "ameaças de pôr o aluno para fora da sala de aula", entre outras formas de punição como tentativas de manter o controle. Esses são sintomas de que o comportamento dos alunos está afetando o emocional do professor. E, para não comprometer a competência no ensinar, mais uma vez se promovem atividades que auxiliem o professor a administrar seu emocional.

Há professores que dizem: "perdi o encanto pela profissão, não aguento mais". Há outros que se consolam dizendo para si mesmos: "Ainda bem que só faltam dez anos para me aposentar. Vou tentar aguentar até o fim". Aguentar? Infelizmente é isto o que dizem. E o desânimo, a rotina e a depressão acabam comprometendo a competência do professor. A estes professores eu daria a mensagem de Robert Wong (2006): "nossa vida é feita de desafios; se os encararmos positivamente eles se transformam em oportunidades, se negativamente em problemas; a cada um de nós cabe escolher se quer a vida cheia de oportunidades ou cheia de problemas".

6º recurso: gestão da tecnologia da informação (GTI)

No modelo VM proposto há mais de vinte anos, o desenvolvimento dos cinco recursos apresentados me parecia suficiente para indicar a competência na solução de uma situação complexa. No entanto, os últimos anos mostraram a importância e a necessidade de novo recurso, que chamei de Gestão da Tecnologia da Informação – GTI, entendido como a gestão de informação referentes à situação complexa em foco, feita por meio virtual.

Como vimos até agora toda situação complexa/problema é resolvida por meio da mobilização de vários recursos, sendo um dos principais a capacidade de estabelecer relações significativas num universo simbólico. Esse universo é constituído por um conjunto de informações que constituem uma rede de relações que permite a solução do problema.

Há alguns anos, na escola, este conjunto de informações era obtido pelos alunos por transmissão oral de professores, visitas a bibliotecas, consultas a manuais escolares ou textos específicos. Era um processo lento, muitas vezes pouco eficaz e nem sempre muito seguro. No entanto, a evolução da tecnologia digital facilitou a produção, o armazenamento, a transmissão, o acesso e a segurança no uso de informações. Com isso, podemos afirmar que é, a cada dia, mais e mais necessário e fundamental que, para o desenvolvimento de competências no contexto do século XXI, cada sujeito aprenda a dominar tecnologias da informação e aprimorar sua gestão.

Podemos imaginar como seria difícil, nos dias de hoje, a engenheiros, médicos, contabilistas, bancários, arquitetos, professores e a outras centenas de profissionais realizar com competência situações complexas inerentes a suas profissões, sem o recurso da gestão da informação por meios tecnológicos. O desenvolvimento desse recurso se torna cada dia mais imperioso e necessário. Essa necessidade se agrava em tempo de pandemia e pós-pandemia, pois a sociedade como um todo teve que se reorganizar na forma de trabalho e de relações familiares e sociais. O mundo do trabalho não é, e não será mais o mesmo. Desaparecerão profissões, reaparecerão outras e muitas se modificarão profundamente. A competência dos profissionais dependerá, de maior ou menor forma, da gestão de informações que terá como suporte a tecnologia da informação. Maior velocidade na obtenção de informações, maior gama de relações entre elas e maior segurança e confiabilidade serão conquistas necessárias no desenvolvimento de competências para solução de situações complexas.

Até agora destacamos que, no desenvolvimento de competências, há necessidade de recursos a serem mobilizados na ação. Isso significa que, ao abordar uma situação-problema, eles devem estar "disponíveis" na estrutura cognitiva do sujeito, para agir com eficiência no momento e na forma adequados. Por isso, desenvolver a gestão de informações por meio de tecnologias é uma das condições do desenvolvimento de competência para os tempos atuais e, incontestavelmente, para o mundo do futuro.

Assim, cabe à escola, favorecer aos alunos, na medida do possível, o uso de calculadoras, acesso a informações digitais em momentos de estudo e de avaliação da aprendizagem, além de outros meios que possam representar avanços na gestão do conhecimento potencial do aluno. O uso de quadros (negro, verde, branco ou lousa digital) para escrever informações e solicitar que os alunos copiem, copiem e copiem deve ser repensado, e, sobretudo, adequado à realidade de cada estudante e de cada profissional do ensino.

É preciso ressaltar que as tecnologias disponíveis são **meios** e não finalidades na área da educação. A finalidade é a formação do aluno que pensa, raciocina, que estabelece relações significativas e que faz análise crítica de variáveis envolvidas numa situação-problema. Buscar informações, relacioná-las, interpretar contextos, hipotetizar são habilidades a serem desenvolvidas com suporte das múltiplas tecnologias da informação.

À guisa de conclusão

Neste capítulo apresentamos e explicamos os recursos que devem ser desenvolvidos para a competência em resolver situações complexas; aplicamos à situação complexa do ensinar. Vimos que para um professor ser competente no ensinar precisa desenvolver em conjunto seis recursos. Não basta, para ser bom professor de Matemática, por exemplo, compreender o conteúdo conceitual da disciplina. É preciso ter habilidades para usar estratégias e linguagens que facilitem a aprendizagem dos alunos.

Sabemos, no entanto, que cada situação complexa exigirá alguns recursos mais do que outros. Para um jogador de futebol, será exigida mais a habilidade de jogar do que o conteúdo conceitual do futebol. Para um treinador, a situação é outra, o conhecimento de conteúdos e estratégias será mais importante do que saber jogar (embora muitos tenham sido jogadores, mesmo medíocres, têm tido muito sucesso como treinadores). Do jogador se exigirá, além das habilidades com a bola, a administração do emocional. O jogador brigão, que perde a cabeça com frequência, que desrespeita colegas, juízes e treinadores, não pode ser considerado competente como jogador, pois voltamos a enfatizar que a habilidade é **um dos** seis componentes da competência.

Se para um jogador de futebol a exigência maior é a habilidade de jogar, para um pesquisador na área de Matemática pura, a exigência maior poderá ser o domínio de conteúdos conceituais e a capacidade de relacioná-los intelectualmente. Já para um piloto de Fórmula I, que enfrenta a situação complexa de dirigir com competência seu carro Fórmula I, exige-se muito conhecimento conceitual para entender ruídos estranhos no motor, desequilíbrios do carro durante a corrida, aderência dos pneus etc., pois precisará muitas vezes tomar decisões em ação, com rapidez e precisão. Poucos segundos de indecisão poderão comprometer a corrida. Esta situação, no entanto, exige muita habilidade para dirigir o carro e uma linguagem clara e precisa para se comunicar com mecânicos e apoios. Ao mesmo tempo um enorme controle emocional se faz necessário para ser um competente piloto de carros de Fórmula I.

De um professor exige-se a competência para *planejar aulas, ministrar aulas e avaliar a aprendizagem* de seus alunos. Para cada uma destas situações precisa desenvolver *recursos* (conteúdos conceituais, habilidades, linguagens, valores culturais, administração do emocional e gestão da tecnologia da informação). Quando um professor pode afirmar: "agora sou competente?" No nosso entender, nunca! Pois, se o professor perceber que seu ponto menos desenvolvido é a compreensão de conteúdos relativos a determinada situação complexa, e ele os estudar mais, terá desenvolvido mais sua competência. Da mesma forma, se seu ponto fraco for a aplicação de habilidades e ele procurar ser mais habilidoso, também terá desenvolvido mais sua competência. O mesmo raciocínio poderá ser feito para os componentes: linguagem, valores culturais, administração do emocional e gestão da tecnologia da informação. Todos estes recursos poderão ser aprimorados cada vez mais, *sem limite*. Por isso mesmo afirmamos que poderemos ter sempre maior competência, ou seja, poderemos ter sempre mais recursos disponíveis para resolver uma situação complexa. Por isso afirmamos: *competência não se alcança, desenvolve-se.*

Parte III

Planejando ações de acordo com o Modelo Pedagógico VM para o desenvolvimento-de-competências

Nos capítulos anteriores, apresentamos e analisamos alguns pressupostos que servirão de fundamento para o estudo em foco que é o planejamento de atividades pedagógicas. Planejar é mais uma situação complexa para o professor em seu dia a dia em sala de aula.

Na parte III deste livro, vamos da teoria à prática, sem nunca desvincular a prática de uma boa teoria. Recordemos, então, num exercício de síntese, o conjunto de ideias-chave da teoria que desenvolvemos até aqui e que servirá de base para nossa prática.

1) O foco de nosso estudo é o planejamento das práticas pedagógicas do professor em contexto escolar, na perspectiva epistemológica Construtivista Sociointeracionista.

2) O paradigma de nossa abordagem é o desenvolvimento de competências para a solução de situações complexas.

3) Competência é a capacidade de o sujeito mobilizar recursos para bem resolver situações complexas.

4) Os recursos a serem mobilizados foram sintetizados no Modelo Pedagógico VM do desenvolvimento-de-competências; nele optamos por seis recursos que precisam ser desenvolvidos simultaneamente para que as soluções das situações complexas sejam as melhores possíveis.

5) Colocamos como hipótese de base que *competência não se alcança, desenvolve-se*, ou seja, há um eterno desafio de aprender mais e mais para tornar-se melhor naquilo que se faz.

1. Planejar: Por quê?

A questão por que planejar parece ter resposta óbvia: planeja-se porque "não há ventos favoráveis para quem não sabe para onde navega". Na prática, no entanto, a questão do planejamento no contexto escolar não parece ter a importância que deveria ter. Há quem pense que tudo já está planejado nos livros-texto ou nos materiais adotados como apoio ao professor. Há, ainda, quem pense que sua experiência como professor seja suficiente para ministrar aulas com eficiência. No entanto, acreditamos que qualquer atividade de nossa vida exige, de uma forma ou de outra, um planejamento. Se decidirmos fazer uma viagem, planejamos para onde, em que condições e com que recursos. Se desejarmos trocar de carro, fazemos o mesmo: por que, em que condições e com que recursos. Até um simples passeio exige um planejamento: por quê, em que condições e com que recursos.

Pelas mesmas razões o professor precisa planejar sua atividade pedagógica, procurando responder às perguntas: por que, em que condições e com que recursos. Na resposta ao **por quê?**, focamos a situação complexa a ser compreendida e os objetivos a serem alcançados. Nas **condições**, procuramos prever estratégias que pretendemos seguir para alcançar os objetivos. Nos **recursos**, planejamos o que precisamos de elementos de apoio para realizar com sucesso o que foi planejado. Por isto, consideramos o planejamento pedagógico como uma situação complexa para a qual o professor precisa desenvolver sua competência.

Com relação ao planejar podemos afirmar o seguinte: **o planejamento é um roteiro de saída, sem certeza dos pontos de chegada.** Por esta razão **todo planejamento busca estabelecer a relação entre a previsibilidade e a surpresa.**

Na base dessas afirmações está o conceito de que nenhuma situação complexa é igual a outra, ou seja, o planejamento deverá considerar que cada relação sempre terá os componentes da incerteza, da singularidade e do conflito de valores. Foi por esta razão que afirmamos, anteriormente, ser o planejamento pedagógico um roteiro de saída sem certeza da chegada.

Esta relação entre previsibilidade e surpresa pode levar o educador a uma certa descrença na importância do planejamento: "Se não tenho certeza do que irá ocorrer", pensa o cético do planejamento, "vou confiar na minha capacidade de improvisação e vou para a aula confiante em minha experiência profissional". A quem pensa desta forma, poderemos argumentar: "Também é verdade que não há ventos favoráveis para quem não sabe para onde navega", ou seja, quanto melhor for o roteiro de saída, maior será a probabilidade de sucesso na solução de situações-problema previstas como chegada.

A experiência do professor é um ingrediente importante para um bom planejador. A capacidade de flexibilização também. Mas há uma ideia-chave que deve estar na base do bom planejamento: cada situação complexa é singular/única; a cada ano os alunos são outros, o contexto social é diferente, as tecnologias de apoio são mais aperfeiçoadas e o próprio professor, de um ano para outro, não é o mesmo.

2. Planejar: Quem para quem?

Quem planeja é o professor, para oportunizar condições que favoreçam a melhor aprendizagem do aluno. Ao planejar, o professor precisa considerar alguns componentes considerados fundamentais:

1) *O professor precisa conhecer-se* do ponto de vista de sua própria personalidade: É introvertido? extrovertido? auditivo? visual? cinestésico? Esse conhecimento é importante para a escolha de estratégias pedagógicas, cujo sucesso ou fracasso poderá depender de suas características psicossociais.

2) *O professor precisa conhecer seus alunos*, com suas características psicossociais e cognitivas. O professor pode fazer o plano para uma aula de ciências e executá-lo para uma turma de 6ª série A, mas, ao executar o mesmo plano para a turma da 6ª série B, poderá frustrar-se com o fracasso. O princípio parece ser simples: cada aluno é cada aluno e cada turma é cada turma.

3) *O professor precisa conhecer a epistemologia e a metodologia* mais adequadas às características de sua disciplina. Há estratégias que são mais adequadas às aulas de ciências da natureza e que podem não ser eficazes para as aulas das ciências do humano.

4) *O professor precisa conhecer o contexto social* de seus alunos. Este conhecimento o levará a identificar as situações complexas relevantes para o grupo singular de seus alunos e escolher estratégias contextualizadas que favoreçam a aprendizagem significativa.

3. Planejar: O que para quem?

O professor que se conhece e conhece seus alunos precisa planejar estratégias pedagógicas que favoreçam a aprendizagem significativa de conteúdos relevantes. No intuito de auxiliar o professor na elaboração deste planejamento, apresentamos nas páginas anteriores o Modelo Pedagógico VM do desenvolvimento-de-competências. Com a aplicação deste modelo na abordagem para a solução de qualquer situação complexa, acreditamos que, apesar das condições de incerteza, de singularidade e de conflito de valores, o professor pode elaborar um bom plano das condições de saída do processo do ensino e, tendo o professor a necessária competência advinda de sua prática pedagógica e da reflexão-na-ação, terá chance de sucesso no ensinar.

Podemos nos perguntar em que se diferencia o planejamento elaborado segundo a pedagogia tradicional e o elaborado segundo o modelo VM. O que teria esse modelo a oferecer de diferente para a elaboração de um planejamento de ensino?

No modelo tradicional de ensino, com base no positivismo e no comportamentalismo, o planejamento procura descrever/prever todas as condições da aprendizagem, e o ensino é a realização dessas condições; ainda nesse modelo todos os alunos são tratados como sendo iguais, devendo aprender os mesmos conteúdos, no mesmo ritmo, vencer as mesmas dificuldades e ser avaliados com os mesmos instrumentos.

No modelo VM, não há certeza das condições de chegada, porque o aluno, que é quem aprende, pode interferir e direcionar o ensino por caminhos diversos, uma vez que não é passivo e nem uma *tábula rasa*. Assumimos, com esse modelo, um novo conceito de planejamento. O professor definirá como vai se relacionar com os alunos respeitando suas singularidades, o que proporá de atividades e como avaliará a caminhada da aprendizagem. Estas são algumas das decisões constitutivas de um planejamento pedagógico. Com esta proposta, estamos superando os limites até então impostos para o planejamento pela pedagogia tradicional. O plano resultante do planejamento deixa de ser uma peça apenas técnica e engessadora elaborada pelo professor, para ser uma dinâmica diversificada de situações de aprendizagem, com a inclusão do aluno com suas curiosidades, seus obstáculos epistemológicos, seus conhecimentos prévios etc. Neste caso o aluno é **co-autor** do planejamento pedagógico e, como tal, co-responsável por seu sucesso.

Nesta linha de pensamento, o que estamos afirmando é que o professor precisa, sim, prever e organizar as situações de aprendizagem, mas nem o professor e nem o aluno devem ficar escravos do plano elaborado. Aluno e professor, num processo colaborativo, estabelecem a dinâmica que guia a organização e a reorganização das condições de ensino e de aprendizagem.

4. Plano de Ensino segundo o modelo VM

I - *Plano de curso por unidades*

No início de um semestre ou de um ano letivo, solicita-se aos professores que elaborem seus planos de curso. Que características e que elementos deverão estar presentes no plano de curso? Qual a sua importância?

Ao fazer seu plano de curso, o professor *ainda não conhece seus alunos*, um dos elementos importantes para um bom planejamento. No entanto, ele se conhece e conhece os conteúdos de sua disciplina. Então sugerimos que esses dois aspectos sejam levados em conta e que o professor elabore um roteiro de trabalho (condições de partida) que possa auxiliar a alcançar as condições de chegada.

Recomenda-se que o professor organize seu curso em **unidades**, porque fenômenos e fatos são mais facilmente compreendidos quando guardam relações entre si e o aluno as percebe. Propomos que cada unidade tenha a estrutura de planejamento baseada nos recursos do modelo VM. Assim, inicia-se identificando a situação complexa a ser abordada e resolvida. Depois se aplicam os recursos do Modelo VM. Vejamos, como exemplo, um plano de curso da disciplina Psicologia da Educação I – Infância, preparado pela profa. Paulina para o curso de Pedagogia:

1) Ementa

Estudo das principais correntes filosóficas como origem da Psicologia. Análise das relações da Psicologia com a Pedagogia. Estudo e análise das fases do desenvolvimento cognitivo, psicossexual, social e linguístico da criança.

2) Objetivo geral

Oportunizar aos alunos a compreensão das fases do desenvolvimento infantil de 10 a 11 anos, sob os diversos aspectos: psicomotor, emocional, cognitivo, afetivo e social, de acordo com as principais teorias do desenvolvimento humano.

3) Metodologia

A disciplina será desenvolvida por meio de aulas expositivo-dialogadas, por discussões e dinâmicas em grupo. Será aplicada a dialética, como metodologia básica, em todas as estratégias de ensino.

4) Avaliação

A avaliação da aprendizagem será feita por meio de instrumentos variados (atividades em grupo, provas escritas, questões orais, trabalhos individuais etc.) aplicados ao longo das aulas e no final da unidade.

5) Desenvolvimento das unidades
Introdução

Situação complexa: *Compreensão das origens da Psicologia por meio do estudo das principais correntes filosóficas.*

a) **Conteúdos conceituais:** características das correntes de pensamento (empirismo, racionalismo e construtivismo).

b) **Habilidades:** identificar as correntes filosóficas, contextualizar os estudos da Psicologia, analisar as relações de interdependência entre as correntes filosóficas e a Psicologia.

c) **Linguagens:** *tábula rasa*, fonte de conhecimento, associação, interação, sujeito cognoscente e objeto de conhecimento.

d) **Valores culturais:** a cada proposta a ser estudada, estabelecer o contexto cultural de sua produção e o da Psicologia dos dias de hoje.

e) **Administração do emocional:** a partir de cada corrente filosófica observar a relação educador-educando.

Unidade I: O processo de desenvolvimento humano

Situação complexa: *Compreensão dos aspectos psicológicos no desenvolvimento pré-natal e no nascimento.*

a) **Conteúdos conceituais:** conceito de desenvolvimento humano e os princípios a ele relacionados.

b) **Habilidades:** identificar os diferentes aspectos do conceito de desenvolvimento e estabelecer significativamente os princípios que guiam o estudo do desenvolvimento humano.

c) **Linguagem:** método de estudo científico, influências hereditárias e sociais, teorias do desenvolvimento e seus autores.

d) **Valores Culturais:** valor cultural do estudo do desenvolvimento para a Psicologia e a Pedagogia e suas aplicações no dia-a-dia da vivência das pessoas.

e) **Administração do Emocional:** Incentivar o aluno a estudar o desenvolvimento e a tomar consciência das interferências no seu próprio desenvolvimento.

Unidade II: Período pré-natal e nascimento

Situação complexa: *Compreensão dos aspectos psicológicos no desenvolvimento pré-natal e no nascimento.*

a) **Conteúdos Conceituais:** aspectos psicológicos que interferem no desenvolvimento da criança durante o período pré-natal e no nascimento.

b) **Habilidades:** analisar como o estado psicológico dos pais interfere no desenvolvimento da criança neste período, as relações entre pais e filhos e as conseqüências para as fases subsequentes.

c) **Linguagem**: estado emocional, expectativas, parto, maternidade, paternidade, trauma, depressão pós-parto.

d) **Valores culturais**: a interferência da cultura no comportamento dos pais durante este período e na construção de suas relações com a criança.

e) **Administração do emocional**: proporcionar ao aluno a identificação de tais aspectos no seu próprio desenvolvimento, a fim de incentivar seu envolvimento no estudo.

Unidade III: Fases do desenvolvimento segundo algumas teorias do desenvolvimento

Situação complexa: *Compreensão das fases do desenvolvimento infantil sob os aspectos psicossexual e cognitivo segundo a Teoria Psicanalítica (Freud) e a visão Socioconstrutivista (Piaget), respectivamente. Compreensão e aplicação da Teoria Psicanalítica na orientação sexual na escola.*

a) **Conteúdos conceituais**: princípios e conceitos básicos que regem as teorias propostas. Características de cada fase do desenvolvimento psicossexual e cognitivo.

b) **Habilidades**: identificar as características de cada fase do desenvolvimento psicossexual e cognitivo; observar uma criança e analisar as características psicossexuais e cognitivas apresentadas; analisar as relações interdependentes entre o desenvolvimento cognitivo e o psicossexual.

c) **Linguagem**: Teoria Psicanalítica: id, ego, superego, fases oral, anal, latência e genital. Perspectiva Construtivista: esquema, adaptação, equilibração, estágios sensório-motor, pré-operacional, operacional-concreto e operações formais.

d) **Valores culturais**: a influência dos valores culturais no desenvolvimento infantil. Com este foco o aluno poderá incorporar a necessidade do respeito à cultura específica de cada meio em que a criança se desenvolve.

e) **Administração do Emocional**: propor aos alunos um trabalho onde eles deverão aplicar os testes de Piaget e fazer o diagnóstico do desenvolvimento cognitivo de três crianças de idades diferentes, com o objetivo de motivar os alunos a levar estes conhecimento para sua vida profissional.

Unidade IV: Aquisição e desenvolvimento do pensamento e da linguagem

Situação complexa: *Compreensão do processo de aquisição e desenvolvimento do pensamento e da linguagem da criança segundo a perspectiva socio-histórica proposta por L. Vygostsky e H. Wallon.*

a) **Conteúdos conceituais:** características da linguagem infantil em cada fase do desenvolvimento, em relação a suas capacidades cognitivas.

b) **Habilidades:** identificar as características da linguagem infantil; analisar a criança a partir da linguagem.

c) **Linguagem:** Sociointeracionismo; fala interna e externa e solilóquio; dinâmica binária, pensamento sincrético e categorial.

d) **Valores culturais:** a influência da cultura no desenvolvimento da linguagem; observação para análise desta influência em contextos singulares.

e) **Administração do emocional:** oportunizar o envolvimento emocional dos alunos a partir de debates relacionados à linguagem.

Unidade V – Atividades lúdicas e o desenvolvimento infantil

Situação complexa: *Compreensão dos tipos de jogos e sua importância no desenvolvimento emocional, psicológico, social, cognitivo e criativo da criança. Compreensão das fases do desenvolvimento do desenho infantil, como uma das principais formas de brincadeira.*

a) **Conteúdos conceituais:** características dos tipos de jogos em cada fase do desenvolvimento. Capacidades desenvolvidas pelas crianças em cada tipo de jogo. Representação do desenho em cada fase do desenvolvimento.

b) **Habilidades:** identificar os tipos de jogos em cada fase do desenvolvimento; elaborar atividades infantis com objetivos específicos de estimulação do desenvolvimento cognitivo, social, emocional, psicológico, psicomotor ou criativo; analisar criticamente as características da criança (social, psicológico, emocional etc.) a partir do desenho.

c) **Linguagem:** jogos sociais e não-sociais; jogos de exercício, de regra e simbólicos.

d) **Valores Culturais:** a criança socializa-se e desenvolve o autoconhecimento a partir do aprendizado de sua cultura por meio da brincadeira. Explorar brincadeiras do contexto dos alunos.

e) **Administração do emocional:** por meio de atividades lúdicas os alunos poderão encontrar uma forma divertida e estimulante para verificar o desenvolvimento de uma criança e, consequentemente, motivar crianças no processo ensino-aprendizagem.

Bibliografia básica

PAPALIA & OLDS. *O mundo da criança:* da infância à adolescência. São Paulo: Makron Books, 1998.

REGO, T. *Henri Wallon.* Petrópolis: Vozes, 1995.

GALVÃO, I. *Vygotsky.* Petrópolis: Vozes, 1996.

WADSWORTH, B. *Inteligência e afetividade da criança na teoria de Piaget.* São Paulo: Pioneira Educação, 1992.

II - Plano de unidade

Consideramos a **unidade**, no contexto deste livro, uma situação complexa explicitada com clareza e precisão e cujas relações são "constituintes homogêneas inseparavelmente associadas" (MORIN, 2006). O professor poderá destinar para cada unidade o número de aulas que achar conveniente (3, 4, 5, ou mais). O que nos parece importante neste planejamento são dois aspectos: o primeiro é a explicitação da situação complexa para a qual o sujeito deverá desenvolver a competência para a solução; o segundo é a aplicação do Modelo Pedagógico VM e seus cinco recursos.

Esquematicamente poderíamos apresentar o planejamento numa forma já conhecida pelos professores, como mostra o esquema a seguir. Como primeiro exemplo, apresentamos uma unidade de estudo da disciplina Física, para alunos do 1º ano do Ensino Médio.

Escola: Albert Einstein. **Professor:** Maurício. **Disciplina:** Física. **Bimestre:** 2º **Aulas Previstas:** 12

Situação complexa: Estudo das três Leis de Newton e suas aplicações em situações teóricas e práticas para alunos iniciantes da disciplina Física, no 1º ano do Ensino Médio.

CC	H	L	VC	AE
• Conceitos de força, massa, aceleração e as relações entre estas três grandezas. • Conceito de inércia como propriedade geral de todos os corpos. • Ação e reação: duas forças sempre juntas, atuando em corpos diferentes.	• Ensinar aos alunos a abordagem dos problemas envolvendo as Leis de Newton em quatro tempos: compreender, planejar a solução, executar o planejado e analisar criticamente os resultados. • Estratégias: a) Em cada situação a ser estudada, buscar as concepções prévias dos alunos sobre os conceitos a serem estudados; b) A cada experimento mental aplicativo das Leis de Newton, incitar os alunos a identificar semelhanças com os experimentos reais no contexto do dia-a-dia do aluno.	Durante as aulas, contextualizar o sentido das principais palavras relacionadas com as Leis de Newton. Fazer com que os alunos as utilizem com seus sentidos no senso comum e no contexto do assunto abordado. Palavras importantes: peso, massa, força, aceleração, ação, reação, referencial, inércia, sistema de forças, equilíbrio, tração, compressão.	Durante as aulas, associar as Leis de Newton ao que os alunos observam em seu dia-a-dia: sistemas em equilíbrio; construções com distribuições de forças em balanços; guindastes e seus sistemas de operação; efeitos de choques entre carros grandes e pequenos e os efeitos nos dois (ação e reação); conceito do peso (massa) registrado na balança; relação entre forças e acelerações em carros nas pistas; modo de uso de vassouras, facas, quebra-nozes etc.	Para estimular os alunos a se motivarem no estudo, provocar durante as aulas a curiosidade dos alunos com relação à gênese das Leis de Newton e as aplicações de uso no mundo moderno; provocar a observação dos alunos em situações em que as Leis de Newton possam ser observadas e analisadas na prática; utilizar o laboratório para incentivar a criatividade dos alunos na construção de modelos que utilizem aplicações das Leis de Newton.

Como segundo exemplo, apresentamos o Plano de Unidade da disciplina Psicologia, preparado e testado pela profa. Paulina. Podemos verificar que a forma de apresentação do plano de unidade não tem uma estrutura rígida, mas cada professor poderá apresentá-la da forma que mais lhe convier. Recomenda-se, no entanto, que a estrutura contemple os cinco recursos que foram propostos no Modelo Pedagógico VM.

Escola: Albert Einstein.   **Professora:** Paulina.   **Disciplina:** Psicologia da Aprendizagem.   **Bimestre:** 2º   **Aulas previstas:** 4 (8 horas/aula)

Situação complexa: Estudo das dimensões da aprendizagem, com foco nas teorias de Jean Piaget, Lev Vygostsky, Henri Wallon e David Ausubel.

Objetivos de ensino:

• Abordar as principais teorias da aprendizagem para facilitar a compreensão do processo ensino-aprendizagem, a fim de que os alunos se tornem mediadores competentes neste processo.

• Provocar reflexão sobre a aprendizagem e o papel do educador.

• Explorar recursos que permitam respeitar o desenvolvimento do educando e mediar o desenvolvimento e a aprendizagem.

1) Conteúdos conceituais:

• Teoria Construtivista (Jean Piaget)

• Teoria Sociointeracionista (Lev Vygotsky)

• Teoria da Concepção Dialética do desenvolvimento (Henri Wallon)

• Teoria da Aprendizagem Significativa (David Ausubel)

2) Habilidades: Análise e compreensão do processo ensino-aprendizagem e, a partir destas teorias estudadas, elaboração de instrumentos auxiliares facilitadores deste processo.

3) Linguagem: Adaptação, organização mental, símbolo/ signo, dialética, zona de desenvolvimento proximal, contextualização, interação social, linguagem, sincretismo.

4) Valores culturais: Explorar o contexto e valores culturais dos alunos facilitando a apropriação do conhecimento e ressignificação de algum pré-conceito.

5) Administração do emocional: Sensibilizar os alunos sobre a importância do seu papel de educador no desenvolvimento de uma criança, adolescente ou adulto. Respeitar as dificuldades de cada um.

Roteiro facilitador – Questões iniciais: O que é aprender? Com quem aprendemos? Como aprendemos?

Piaget, Vygotsky e Wallon abordam a psicogênese da inteligência. Piaget, Vygotsky e Ausubel priorizam a aprendizagem cognitiva enquanto Wallon aborda a afetividade e a motricidade além da cognição em sua proposta de psicogênese da pessoa.

O que diz Piaget?

Segundo Piaget, a aprendizagem pressupõe um desenvolvimento biológico e cognitivo que acontece dentro de um contexto sócio-histórico-cultural.

Para aprender é preciso sair do equilíbrio, ou seja, é preciso uma situação problema para que o sujeito busque recursos para resolver.

Aprender é *construir* esquemas, significados e representações a partir de esquemas prévios, experimentação, interação, questionamento, problematização e levantamento de hipóteses.

Como o sujeito aprende? Através dos processos de adaptação e organização mental.

O que diz Vygotsky?

O desenvolvimento cognitivo depende da aprendizagem do sujeito, que acontece a partir das suas experiências no seu contexto social.

Para aprender é preciso explorar a zona de desenvolvimento proximal com apoio na zona real ao desenvolvimento.

Aprender é *apropriar-se* de conceitos, significados e representações.

A linguagem é primordial no desenvolvimento do sujeito, pois ela permite que ele se insira no seu contexto cultural e o liberta da experiência imediata, ou seja, a fala internalizada passa a ser instrumento do pensamento e organizadora do mesmo. Assim o sujeito pode prever seus atos.

O que diz Ausubel?

A aprendizagem pode ser significativa ou mecânica. A aprendizagem significativa depende, principalmente, da predisposição do sujeito para aprender e dos conhecimentos prévios que ele possui, além disso, o conteúdo trabalhado deve ser potencialmente significativo, ou seja, contextualizado e sistematizado. A aprendizagem é mecânica quando as novas informações aprendidas têm pouca ou nenhuma interação com conceitos prévios relevantes. Neste caso, a informação é armazenada de forma arbitrária sem ligar-se com os conhecimentos prévios.

Aprender é *atribuir significados* aos conteúdos e ancorá-los nas suas estruturas cognitivas organizando-as. Assim como aprender também pode ser memorizar informações e armazená-las de forma aleatória.

O que diz Wallon?

Aborda três dimensões do desenvolvimento: afetivo, cognitivo e motor.

"O outro é um parceiro perpétuo na vida psíquica". Segundo Wallon, é na interação (conflito, diferenciação e confusão) com o outro que o sujeito constrói o Eu.

A importância da *motricidade* no desenvolvimento e aprendizagem: Wallon atribui várias significações ao ato motor. No início da vida, o ato motor tem função basicamente afetiva, quando a criança mobiliza as pessoas no seu meio pelo teor expressivo dos seus movimentos. Depois do primeiro ano, o ato motor passa a ter função também de adaptação à realidade objetiva (andar, pegar, empurrar...).

No estágio da mentalidade projetiva: o ato mental projeta-se em atos motores, quer dizer que a criança precisa expressar com movimentos suas ideias, desejos, dúvidas etc. Por isso até os seis/ sete anos a atividade motora da criança é tão intensa. Aos poucos o ato motor é internalizado e a criança fortalece suas funções intelectuais (percepção, memorização, função simbólica, associação etc.), reduzindo a necessidade do movimento na atividade cognitiva. Por isso Wallon afirma que "a função postural está ligada também à atividade intelectual", ou seja, "a função postural dá sustentação à atividade de reflexão". À medida que a criança consegue dominar seu corpo, desenvolve domínio sobre sua postura (corpo) que favorece a atividade reflexiva (interna) reduzindo a atividade externa (motora).

> As dificuldades da criança em permanecer parada e concentrada como a escola exige testemunhas que a consolidação das disciplinas mentais é um processo lento e gradual, que depende não só de condições neurológicas, mas também está estreitamente ligada a fatores de origem social, como o desenvolvimento da linguagem e aquisição de conhecimento. Assim, a es-

cola tem um importante papel na consolidação das disciplinas mentais (GALVÃO, 1995: 76).

Como o sujeito aprende? Pensamento e linguagem têm uma relação de reciprocidade; a linguagem exprime o pensamento e é sua estruturadora. Através da linguagem, observamos a dinâmica do pensamento infantil que, num primeiro momento, é sincrético (indiferenciado, global, confuso, sem lógica aparente), e depois desenvolve a característica de categorização (organizado, sistematizado, diferenciado) quando o ato motor é internalizado e a criança consegue organizar o pensamento e prever ações.

Bibliografia

GALVÃO, Izabel. *Vygotsky*. Petrópolis: Vozes, 1996.

LA TAILLE, Yves; OLIVEIRA, Marta K.; DANTAS, Heloisa. *Piaget, Vygotsky, Wallon* – Teorias psicogenéticas em discussão. São Paulo: Summus, 1992.

MOREIRA, Marco A. *Teorias de aprendizagem*. São Paulo: EPU, 1999.

MORETTO, Vasco. *Construtivismo*: a construção do conhecimento em aula. Rio de Janeiro: DP&A, 2000.

REGO, Tereza. *Henri Wallon*. Petrópolis: Vozes, 1995.

VYGOTSKY, L.S. *Pensamento e linguagem*. São Paulo: Martins Fontes, 1998.

_____ *Formação social da mente*. São Paulo: Martins Fontes, 1991.

WADSWORTH, Barry. *Inteligência e afetividade da criança na teoria de Piaget*. São Paulo: Pioneira Educação, 1992.

WALLON, Henri. *Origem do caráter na criança*. São Paulo: Nova Alexandria, 1996.

_____ *Origem do pensamento na criança*. Barueri: Manole, 1989.

O planejamento feito com base no desenvolvimento-de-competências deve privilegiar a avaliação da aprendizagem dentro da mesma metodologia, ou seja, deve proporcionar aos alunos a oportunidade de ler, compreender, argumentar, analisar criticamente e encontrar uma solução do problema. Apresentamos, a seguir, uma questão de avaliação elaborada dentro da perspectiva em foco.

Questão 4

No momento do Conselho de Classe da 1ª série do Ensino Médio da Escola Democrática Moderna, foi analisado o caso do aluno Joaquim Trindade. Das dez disciplinas ele havia conseguido média superior a sete (7,0) em nove delas. Em Matemática, sua média final foi 6,8. Nos debates a respeito do assunto surgiram os seguintes argumentos:

João (prof. de Matemática): Por mim ele não será aprovado, pois o regimento é claro; é necessário média 7,0 para poder ser aprovado e ele só alcançou 6,8.

Raquel (profa. de História): Mas professor João, o que pode significar 0,2 na medida do conhecimento construído? Acho que devemos aprovar o Joaquim em função de seu rendimento global.

João: Não concordo! A norma estabelecida pelo regimento é clara; é preciso média 7,0 em cada disciplina. Ou o regimento não vale nada? Daqui a pouco vocês querem aprovar quem teve média 6,7 ou 6,6 etc.

Cecilia (profa. de Química): Acho que é preciso analisar o problema do Joaquim com generosidade, como recomenda a ética. Se a média regimental é 7,0 e o aluno passou em 9 das 10 disciplinas, sua média real é 9,0 sobre 10,0, muito acima do que exige o regimento. Acho que é o caso de aprová-lo.

JORGE (prof. de Física): É uma questão de Justiça, pois é preciso tratar todos os alunos igualmente. É para isso que tem o regimento. Quem alcançou 7,0 passa, quem não alcançou, não passa, e está acabado, não importa quem seja.

ANA LUISA (profa. de Português): Caro João. Pense no seguinte: suponhamos que estes 0,2 que faltaram para o Joaquim são o resultado de algumas questões mal elaboradas de sua parte e que acabaram prejudicando o aluno, induzindo-o ao erro. Isso é possível, não é mesmo?

JOÃO: Só faltava esta! Agora a culpa é minha! O aluno não se esforça e a culpa é minha! E tem mais porque quero lembrar que vocês já "empurraram" este aluno no ano passado. Querem empurrá-lo novamente?

RICARDO (prof. de Educação Física): Não concordo que o Joaquim seja reprovado. Justiça não é tratar todos da mesma forma, mas analisar cada caso em seu contexto. Acho que, neste caso, mesmo que o regimento diga que é preciso média 7,0 e ele só tenha alcançado 6,8, a generosidade nos deve levar a aprová-lo.

ARTHUR (coordenador pedagógico): Vamos colher os votos individualmente. Cada professor vota ou pela aprovação ou pela reprovação do Joaquim...

Agora é a sua vez. Analise os argumentos de cada um dos seis professores, tendo como parâmetros os conceitos de ética e moral que desenvolvemos no curso. Apresente esta análise por escrito. Depois dê seu voto, pela aprovação ou reprovação do Joaquim, e indicando, por escrito, os argumentos que fundamentam sua decisão.

III - Plano de aula

No correr deste livro procuramos apresentar orientações para um bom planejamento. Identificamos e caracterizamos os agentes dos processos de ensino e de aprendizagem. Propusemos um modelo pedagógico para orientar as ações do professor e dos alunos no processo de construção de conhecimentos. Estabelecemos as bases para o planejamento de unidades de ensino. Com isso julgamos nossa proposta deste livro terminada. A partir daqui entra o papel criativo do professor. Se ele desenvolveu competências como professor terá os recursos necessários para elaborar seus planejamentos, em cada aula, orientados pelo planejamento das unidades. Ao professor cabe, vivenciando a realidade de seus alunos, elaborar ações, estratégias e instrumentos de avaliação com vistas ao sucesso da aprendizagem do aluno. O aluno é o "aprendente". Por isso afirmamos com as palavras de Pedro Demo: "**ser professor é cuidar para que o aluno aprenda**" (DEMO, 2004), e nisto está a criatividade e a competência docente.

Há quem adote "sistemas de ensino" nos quais tudo já está planejado para poupar o trabalho do professor. Este planejamento vem, muitas vezes, na forma de planos "aula por aula", sendo o professor, neste caso um mero executor de estratégias em que nem professor e nem aluno escolheram. Receber planos prontos pode auxiliar o professor, mas não eximi-lo de realizar seu próprio plano de atividade, pelas razões que desenvolvemos ao longo de todo este texto, ou seja, nenhuma situação se repete, ela é única, sendo assim a ação pedagógica o encontro entre a previsibilidade e a surpresa.

Considerações finais

O leitor pode ter sentido falta, no correr do texto, de técnicas ou "receitas" de planos de ensino estruturados para que tivesse a segurança do "siga o modelo" e elaborasse seus próprios planos. Quem estiver à procura de uma estrutura "prática" para substituir aquela "folha deitada", com colunas verticais, explicitando objetivos, conteúdos, estratégias, recursos, avaliação e bibliografia, poderá estar decepcionado com este livro cujo título PLANEJAMENTO poderia induzir o leitor a esperar técnicas ou estruturas prontas com simples preenchimento para poder afirmar: "Meu plano está pronto, posso entregar à coordenação; ele difere pouco, ou quase nada, do plano do ano passado, mas está feito para mais um ano".

Nossa experiência mostrou que esse tipo de Plano de Curso tem tido pouca ou quase nenhuma praticidade ou eficácia. Por esta razão optamos por apresentar **orientações** que fundamentam o planejamento dentro de referenciais epistemológicos bem definidos.

Nesta linha de pensamento, propomos algumas orientações que visam sintetizar nosso estudo sobre o assunto. Estas orientações são encontradas, de uma forma ou de outra, ao longo do texto. Aqui fazemos a síntese das ideias-chave que foram expostas.

1) O melhor recurso para um bom planejamento é o desenvolvimento da competência do professor para resolver a situação complexa de ensinar; esta competência fará com que o professor tenha recursos (cognitivos, psicossociais e emocionais) disponíveis para uma reflexão-na-ação e a consequente tomada de decisão mais segura no momento de atuar no processo de ensino.

2) Chamamos de **planejamento** a dinâmica do compreender, analisar, propor, prever etc., cujo produto será o **plano de ensino**, que contém a explicitação de roteiros de partida e não necessariamente as condições de chegada; ele é o encontro da previsibilidade com a surpresa.

3) "Não há ventos favoráveis para quem não sabe para onde navega", diz o adágio popular; estabelecer claramente objetivos a serem perseguidos e os caminhos a serem trilhados é de suma importância para um bom planejamento; é condição necessária, mas não suficiente.

4) Nenhuma situação complexa é igual a outra; por esta razão, as condições de gênese do conhecimento não são as mesmas das condições de uso; no caso do professor, a experiência é um excelente aliado da competência, pois é por meio da experiência que o professor adquire o conhecimento-na-ação fruto da reflexão-na-ação, segundo as ideias de Shön.

5) Flexibilizar sim, improvisar não! A **flexibilização** pressupõe a capacidade do professor de agir dentro da reflexão-na-ação; para flexibilizar, o professor precisa ter recursos para identificar as necessidades de modificação do que foi planejado, reavaliar, replanejar e executar em novo contexto; por outro lado, a **improvisação** pode ocorrer de forma aleatória e sem suporte da competência do profissional da educação, o que não seria desejável no processo de formação em contexto escolar.

6) No planejar a prática pedagógica, o professor precisa conhecer-se e conhecer seus alunos, do ponto de vista psicossocial e cognitivo: este conhecimento o levará a estabelecer com seus alunos uma relação de sujeito para sujeito e não apenas de indivíduo para indivíduo, pois cada sujeito cognoscente é **único**, estando inserido num grupo social singular.

7) O principal objetivo do planejamento é favorecer a aprendizagem, mas não qualquer aprendizagem; deverá favorecer a aprendizagem **significativa** de **conteúdos relevantes**; o aluno precisa

aprender dando sentido ao que aprende, e dar sentido é poder relacionar seus conhecimentos à sua vida em contexto social; para favorecer a aprendizagem significativa, os conteúdos devem ser relevantes, ou seja, devem ter relação com a vida do aprendente.

8) O planejamento favorece a elaboração de instrumentos de avaliação, na medida em que estabelece com clareza os objetivos a serem alcançados e que, ao mesmo tempo, permite a sua flexibilização, em função da intervenção do aluno no processo de ensino.

Referências bibliográficas

CHARLOT, B. *Da relação com o saber:* elementos para uma teoria. Porto Alegre: Artmed, 2000

COLL, C.; MATIN, E.; MAURI, T.; MIRAS, M.; ONRUBIA, J.; SOLÉ, I.; ZABALA, A. *O construtivismo na sala de aula.* São Paulo: Ática: 1996.

DEMO, P. *Ser professor é cuidar que o aluno aprenda.* 4. ed. Porto Alegre: 2005.

_____ *Éticas multiculturais:* sobre convivência humana possível. Petrópolis: Vozes, 2005.

DOLZ, J.; OLLAGNIER, E. (orgs.). *O enigma da competência em educação.* Porto Alegre: Artmed, 2004.

FOUREZ, G. *Nos savoirs sur nos savoirs:* um lexique d'épistémologie pour l'enseignement. Bruxelas: De Boeck, 1997.

HARRES, J.B.S. et al. *Laboratórios de ensino:* inovação curricular na formação de professores de ciências. Santo André: ESETec, 2005.

HOFFMANN, J. *O jogo do contrário em avaliação.* 2. ed. Porto Alegre: Meditação, 2006.

LA TAILLE, Y. *Moral e ética:* dimensões intelectuais e afetivas. Porto Alegre: Artmed, 2006.

_____ *Vergonha:* a ferida moral. Petrópolis: Vozes, 2002.

LE BOTERF, G. *Desenvolvendo a competência dos profissionais.* Porto Alegre: Artmed, 2003.

LUCKESI, C.C. *Avaliação da aprendizagem na escola:* reelaborando conceitos e recriando a prática. Salvador: Malabares, 2003.

MACHADO, N.J. *Conhecimento e valor*. São Paulo: Moderna, 2004.

MORETTO, V.P. *Prova*: um momento privilegiado de estudo, não um acerto de contas. 7. ed. Rio de Janeiro: Lamparina: 2007.

_____ *Construtivismo:* a produção do conhecimento em aula. 4. ed. Rio de Janeiro: DP&A, 2006.

MORIN, Edgar. *Introdução ao pensamento complexo*. Porto Alegre: Sulina, 2006.

PAVIANI, J. *Problemas da filosofia da educação*. Caxias do Sul: Educs, 2005.

PERRENOUD, P.; THURLER, M.G.; MACEDO, L.; MACHADO, N.J.; ALLESSANDRINI, C. D. *As competências para ensinar no século XXI*: a formação dos professores e o desafio da avaliação. Porto Alegre: Artmed, 2002.

SHÖN, D.A. *Educando o profissional reflexivo*: um novo *design* para o ensino e a aprendizagem. Porto Alegre: Artmed, 2000.

VASCONCELOS, C.S. *Planejamento*: plano de ensino-aprendizagem e projeto educativo. São Paulo: Libertad, 1995.

WONG, R. *O sucesso está no equilíbrio*. Rio de Janeiro: Elsevier, 2006.

Anexo 1

Ensaios de planos de ensino elaborados com base no Modelo Pedagógico VM do desenvolvimento-de-competências

Apresentamos neste anexo alguns planos de ensino que foram elaborados por professores em cursos de capacitação, onde o foco de estudo era o planejamento. Não queremos chamá-los de modelos, pois sua elaboração não tem a pretensão de apresentar um produto acabado a ser seguido, mas preferimos chamá-los de ensaios porque são tentativas de proposta.

Há várias formas de apresentar um plano de ensino, como você poderá constatar nos ensaios apresentados. Escolha a sua ou crie outras. O que importa é a estrutura do plano e não a forma de sua apresentação.

Ensaio I

Situação complexa: Sistema de freios: identificar, classificar e reparar sistema de freios hidráulicos para veículos de categorias passeio, utilizando instrumentos, ferramentas, literaturas, técnicas e normas de segurança, garantindo a qualidade e os padrões do fabricante.

Recursos para a competência:

1) Conteúdos conceituais: Leis da termodinâmica. Teoria dos vasos comunicantes. Princípio de Pascal. Forças de atrito. Metrologia. Eletricidade básica. Eletrônica básica. Informática básica. Teoria dos fluidos.

2) Habilidades: Montar e desmontar. Medir. Regular com precisão. Calibrar. Interpretar ruídos. Testar e perceber regularidades e irregularidades. Diagnosticar por meio dos sentidos.

3) Linguagens: Frenagem. Atrito. ABS. ASR. Sangria. Lona de freio. Disco de freio. Tambor. Pinça. Aceleração. Massa e peso.

4) Valores culturais: Normas de trânsito. Segurança e velocidade. "Amanhã eu vejo que barulho é este". "Fazem só 12 meses que fiz a última revisão, acho que posso viajar sem ter problemas com o carro".

5) Administração do emocional: O valor da vida. Satisfação pessoal e coletiva. A responsabilidade social da conservação do veículo. O respeito ao bem comum. O altruísmo.

Considerações: Este foi o Plano de Unidade preparado para a certificação de um estudante do Senai. Ele precisa desenvolver competências para resolver esta situação complexa. E a competência significa ter recursos disponíveis para resolver problemas que possam aparecer no dia-a-dia do profissional, relacionados ao sistema de freios em automóveis.

Ensaio II

> **Situação complexa**: Utilização correta de prefixos e sufixos na composição de palavras.

Conteúdos conceituais	Habilidades	Linguagens	Valores culturais	Administração do emocional
Radical Prefixos e sufixos Formação/origem das palavras.	Identificar palavras com prefixos e sufixos. Construir/criar palavras usando prefixos e sufixos. Compor e decompor palavras.	Uso de símbolos/códigos: anti/ante/a/im/pen/trans/des. Ex.: ateu, imaturo, amoral, antiético, aético, desestabilizar, penumbra, ímpar, transdisciplinar, desinfetar, parâmetro, Teresópolis.	Uso da lógica popular na linguagem: Cabeu Desengordar Tipático/antipático Imperdível Imexível.	Estimular no aluno o gosto pela descoberta de sentido nas palavras. Busca motivada de composição de palavras em jornais e revistas. Desafios de construções de palavras. Criação de nomes próprios por meio de composição de palavras.

Considerações: Nesta situação, o problema do aluno está em adquirir recursos a serem utilizados sempre que forem necessárias a compreensão e utilização de palavras compostas por meio de sufixos e prefixos. A competência estará relacionada a maior qualidade e quantidade de recursos que o aluno irá adquirir para mobilizar quando for necessário, na leitura ou na escrita de textos.

Ensaio III

Situação complexa: Criação e execução da arte-final de projeto gráfico de cada livro técnico.

Conteúdos conceituais	Habilidades	Linguagens	Valores culturais	Administração do emocional
• Produção gráfica. • Teoria de cor, luz e cor-pigmento. • Geometria básica. • Características do papel. • Elementos da composição gráfica. • Criatividade. • Percepção. • *Corel Draw* e *Photoshop*.	• Identificar tipos e características de papel. • Criar harmonia entre elementos visuais. • Utilizar e aplicar *Corel Draw* e *Photoshop*. • Utilizar instrumentos de desenho. • Elaborar desenhos artísticos e técnicos.	• Cor. • RGB/CMYK. • Contraste. • Harmonia. • Tipologia. • Imagens. • Espaço X formato. • Pré-impressão. • Impressões. • Pós-impressão.	• Evolução histórica das capas de livros técnicos. • Importância do *marketing*. • Tipos de públicos e clientes. • Qualidade de produto.	• Realização pessoal. • Satisfação do cliente/usuário. • Crítica: capacidade de recepção. • Frustração x euforia.

Considerações: Este Plano de Unidade foi preparado para profissionais que deverão adquirir a competência para abordar a situação complexa de elaborar capas de livros técnicos. A solução do problema está na elaboração e execução da melhor arte-final, ou seja, aquela que poderá agradar ao cliente levando-o à compra do livro.

Ensaio IV

Situação complexa: Preparação de soluções para uso em análises químicas.

Conteúdos conceituais	Habilidades	Linguagens	Valores culturais	Administração do emocional
• Soluções • Tipos de soluções. • Solução padrão. • Concentração de soluções. • Diluição e mistura de soluções.	• Identificar os diferentes tipos de soluções. • Preparar soluções de diferentes concentrações. • Reconhecer as vidrarias, reagentes e equipamentos para o preparo de soluções. • Efetuar procedimentos de diluição de soluções. • Efetuar os cálculos necessários para o preparo de soluções. • Elaborar relatórios técnicos.	• Massa. • Massa molar. • Solução padrão. • Concentração comum. • Molaridade. • Título. • Densidade. • Normalidade. • Concentrado. • Diluído. • Saturado. • Super-saturado. • Grau de solubilidade. • Volume. • Insaturado.	• Medidas de segurança em laboratório (uso de EPTs e EPCs). • Desmistificação de conceitos: forte X fraco para concentrado X diluído. • Conhecer para não temer: reconhecer o grau de toxidez e periculosidade dos produtos.	• Estímulo ao aluno pelo gosto pelas ciências. • Satisfação em realizar as transformações químicas. • Provocação para descobertas de novas relações nas reações químicas, dentro de normas de segurança.

Considerações: Este Plano de Unidade foi elaborado para desenvolver no aluno a competência para resolver o problema relacionado à preparação de soluções. Observamos, mais uma vez, que nesse problema existe uma série de relações entre elementos teóricos e práticos, o que nos leva a compreender por que se constitui numa situação complexa que exige solução, e esta é o bom preparo do aluno, sua competência, para resolver outros problemas que a vida lhe trouxer, relacionados ao problema aprendido.

Ensaio V

Situação complexa: Capacitação do aluno de 1ª série para relacionar, compreender, analisar, aplicar e identificar sensações que envolvem os Órgãos dos Sentidos na percepção do mundo que nos rodeia.

Conteúdos conceituais	Habilidades	Linguagem	Valores culturais	Administração do emocional
• Visão. • Audição. • Tato. • Paladar. • Olfato.	• Relacionar o órgão do corpo ao sentido correspondente. • Experimentar sensações. • Aplicar no dia-a-dia os conceitos trabalhados em aula. • Interpretar as informações que recebemos através das sensações.	• Sensação. • Vibração. • Claro/escuro. • Baixo/alto. • Grande/pequeno. • Agudo/grave. • Áspero/liso. • Macio. • Grosso/fino. • Pontudo. • Doce/salgado. • Azedo/amargo. • Cores (primárias e secundárias).	• Qual valor têm os órgãos dos sentidos para a minha percepção de mundo? • Como se sente uma pessoa que é deficiente? • Qual a consequência da poluição auditiva e visual para nossa vida? • Por que no deserto as pessoas usam muita roupa se é muito quente?	• Eu me sinto bem num lugar barulhento? E os outros como se sentem? Como posso ajudar? • Quando bato num colega, ele sentirá dor? Posso evitar? • O que podemos fazer para diminuir o frio que sentimos? • Pessoas pobres passam frio no inverno. O que podemos fazer para aliviar seu sofrimento?

Considerações: O problema do uso dos sentidos para interagir com o mundo que nos rodeia tem relações em muitos níveis de complexidade. No caso deste Plano de Unidade para alunos de primeira série do ensino fundamental, a professora optou por trabalhar algumas relações fundamentais que devem ser estabelecidas pelas crianças nos primeiros anos de estudo. Neste caso, o problema a ser resolvido na situação complexa é a estruturação de elementos cognitivos que permitirão ao aluno resolver outros problemas de seu dia-a-dia relacionados aos órgãos dos sentidos: cuidar dos olhos, dos ouvidos etc. Este cuidado estará relacionado, em grande parte, com os conhecimentos do aluno e com os valores individuais e sociais a eles ligados.

Ensaio VI

Situação complexa: Apresentação em público de um assunto, utilizando técnicas adequadas.

Conteúdos conceituais	Habilidades	Linguagens	Valores culturais	Administração do emocional
• Postura corporal. • Postação da voz. • Linguagem. • Recursos tecnológicos a serem usados. • Indumentária adequada na apresentação em público. • Estudo de casos de apresentadores e de artistas.	• Identificar e delimitar o espaço a ser utilizado. • Harmonizar a expressão corporal com a emocional (voz). • Identificar o público para adequar a linguagem. • Utilizar recursos variados e de forma adequada para garantir uma apresentação dinâmica e didática. • Utilizar trajes adequados à natureza da apresentação.	• Voz. • Entonação. • Gestos. • Expressão corporal. • Vocabulário. • Imagens. • *Datashow*. • Retroprojetor. • TV/vídeo/DVD.	• A imagem do expositor torna-se uma figura exemplar. • Apresentadores de TV: telejornais, programas educativos, programas humorísticos. • Expressões idiomáticas. • Tipos de públicos e de clientes.	• Autoestima. • Satisfação do cliente. • Crítica: capacidade de recepção. • Frustração X euforia. • Controle das emoções com as manifestação do público.

Considerações: Este plano foi elaborado para ajudar no desenvolvimento da competência do sujeito para apresentar-se em público e desenvolver oralmente um assunto. Neste caso, o problema a ser resolvido é uma apresentação em público que seja eficaz, isto é, que alcance os objetivos de esclarecer, ilustrar e convencer os ouvintes. Para isto o comunicador precisa ter desenvolvido recursos de conteúdo, habilidade, linguagem, valor cultural e administração do emocional.

Anexo 2

A Universidade de Brasília, em seu Programa de Avaliação Seriada – Pas, que propõe uma alternativa ao vestibular tradicional para ingresso em seus cursos, oferece uma proposta para a elaboração de questões de avaliação em forma de matriz, com as dimensões: *Competências* (que nós chamamos de situações complexas), *Habilidades* e *Objetos de conhecimento* (que chamamos de conteúdos conceituais).

Matriz de objetos de avaliação do Pas/UnB

Habilidades		
Interpretar	H1	Compreender a plurissignificação da linguagem.
	H2	Identificar informações centrais e periféricas, apresentadas em diferentes linguagens, e suas interrelações.
	H3	Interrelacionar objetos de conhecimento nas diferentes áreas.
Planejar	H4	Organizar estratégias de ação e selecionar métodos.
	H5	Selecionar modelos explicativos, formular hipóteses e prever resultados.
	H6	Elaborar textos coesos e coerentes, com progressão temática e estruturação compatíveis.
Executar	H7	Aplicar métodos adequados para análise e resolução de problemas.
	H8	Formular e articular argumentos adequadamente.
	H9	Fazer inferências (indutivas, dedutivas e analógicas).
Criticar	H10	Analisar criticamente a solução encontrada para uma situação-problema.
	H11	Confrontar possíveis soluções para uma situação-problema.
	H12	Julgar a pertinência de opções técnicas, sociais, éticas e políticas na tomada de decisões.

Competências			Interpretar			Planejar		Executar				Criticar		
			H1	H2	H3	H4	H5	H6	H7	H8	H9	H10	H11	H12
	C1	Domínio da língua portuguesa...*	X	X	X			X		X	X			
	C2	Compreensão dos fenômenos naturais...**	X	X	X	X						X	X	X
	C3	Tomada de decisões ao enfrentarsituações-problema		X	X	X	X		X		X	X	X	X
	C4	Construção de argumentação consistente		X	X	X	X	X	X	X				
	C5	Elaboração de propostas...***	X		X		X	X		X		X	X	X

* Domínio da língua portuguesa, domínio básico de uma língua estrangeira (língua inglesa, língua francesa ou língua espanhola) e domínio de diferentes linguagens: matemática, artística, científica etc.

** Compreensão dos fenômenos naturais, da produção tecnológica e intelectual das manifestações culturais, artísticas, políticas e sociais, bem como dos processos filosóficos, históricos e geográficos, identificando articulações, interesses e valores envolvidos.

*** Elaboração de propostas de intervenção na realidade, com demonstração de ética e cidadania, considerando a diversidade sociocultural como inerente à condição humana no tempo e no espaço.

Objetos de conhecimento
(correspondentes aos "X")

1. Indivíduo, cultura e mudança social
2. O ser humano como ser que pergunta e quer saber
3. Tipos e gêneros
4. Estruturas
5. Energia e oscilações
6. Ambiente
7. Seres vivos
8. A formação do mundo ocidental contemporâneo
9. Número, grandeza e forma
10. A construção do espaço
11. Materiais